厨子前にずらりと並んだ大餅柱。その上にユニークな顔をした鬼頭がのる（伊賀市・正月堂）

伊勢神宮の日別朝夕大御饌祭の神饌（神宮司庁提供）

波多神社の特殊神饌（津市）

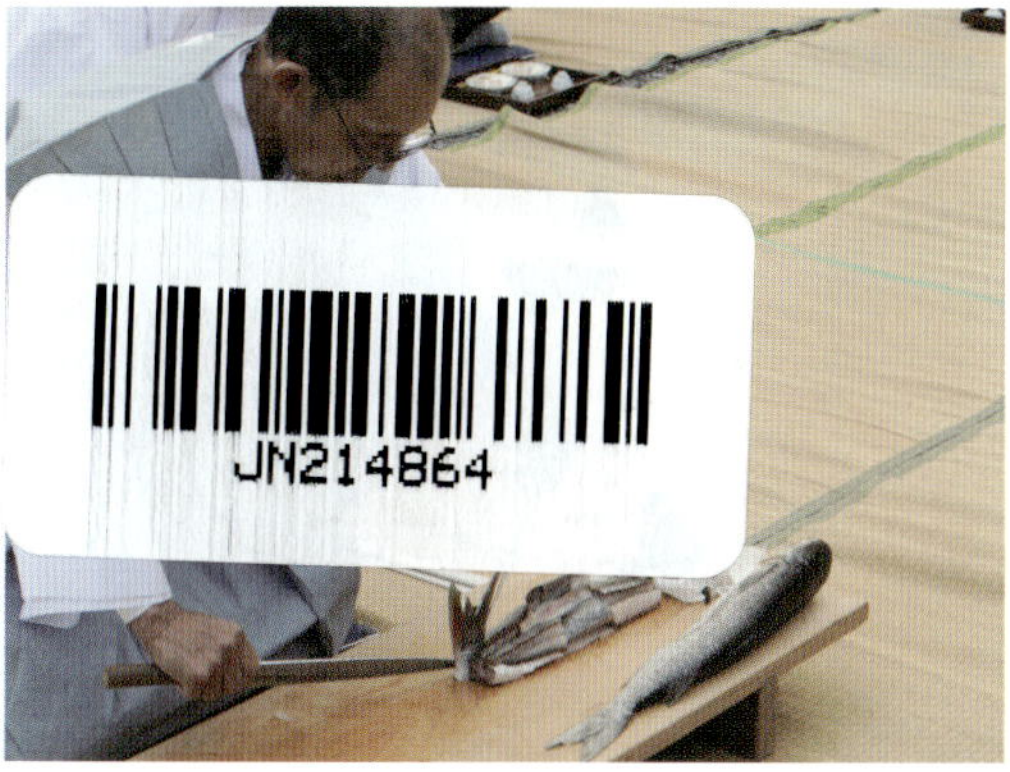

ボラを手でふれずに調理する盤の魚
（志摩市・宇氣比較神社）

黒田清子祭主も奉仕する神嘗祭奉幣（伊勢神宮内宮）

極上の山海の幸を供える神嘗祭大御饌の修祓（伊勢神宮内宮）

忌火屋殿前で、日別朝夕大御饌祭の修祓（伊勢神宮外宮、神宮司庁提供）

神宮神田も秋の稔り（抜穂祭）

＊神宮司庁提供写真以外はすべて著者の撮影

三重
祭りの食紀行

千種清美
kiyomi chikusa

風媒社

三重 祭りの食紀行◉目次

＊岡田文化財団助成事業

はじめに

祭りには、食事が欠かせない。

なぜなら、神々に食を供え、もてなすことがすなわち祭りだからである。

はじまりは、豊漁のときだったのだろうか、それとも不漁続きの危機のときだったのだろうか。狩りで大きな獲物を仕留めた、作物が実った、そんな人々の喜びとともにであったのかもしれない。

神に供える食を「神饌《しんせん》」と呼ぶ。祭典になれば、新しい神饌を神前に並べ、神職が祝詞《のりと》を奏上《そうじょう》する。饌とは難しい漢字だが、神に供える食物や膳の上に器や料理を美しく並べた、膳立ての整った食物を意味する。ミケ、御饌《みけ》、御贄《みにえ》とも呼ばれる。

そして、祭りが済むと、神饌は下げられる。

そのあと、「直会《なおらい》」という宴会が始まる。神人共食《しんじんきょうしょく》と呼ばれるこの宴会が、実は祭りの大切なところなのである。神の御霊《みたま》が宿ったとされる食を「お下がり」として、参列した一同で飲んだり食べたりすることで、新たな力をいただくのである。その際、一人で食べてはいけないのである。

祭りの食は、神と人、人と人をつなぐものであった。自然の恵みである食を媒体にして、神聖な時間と場を共有するのである。しかし、私たちは「直会」の食に託された意義を忘れつつある。ところで私たちは神にどのような食を供えているだろうか。

初詣、神前には多くのものが上がっている。お神酒、お米、野菜、魚、なかには製造者からの供物とみえる油や牡蠣なども見える。人々が神に感謝し、良いと思うものを捧げているのだろう。

そうした神への奉納品とは別に、神社が用意し、神職が神前に供える神饌に興味をもったのは、伊勢神宮の取材を始めてからである。

伊勢神宮では年間千五百回におよぶお祭り（祭典）が行われる。その中で、許可を得たお祭りは所定の位置で取材することができる。たいてい神域の参道で、お祭りに奉仕する神職たちを待ち受ける。そうしたお祭りの取材で、撮影できない場面が二カ所ある。

一つは神職が祝詞《のりと》をあげるときである。神職が祝詞の書かれた料紙を広げると、神宮大宮司をはじめ、神職たちはいっせいにその場で頭を垂れる。報道陣もこのときはカメラを回すことはできない。シャッター音の響かない静かな中、神への言葉が奏上される。

そして、もう一つが神饌《しんせん》だ。お祭りの風景として撮影することは許されるが、調理するところはもちろん、間近で神饌そのものを見ることも撮ることも許されない。祓い清めた神饌は辛櫃《からひつ》に納められ、運ばれる。その際、辛櫃が前を通ると神職たちは頭を垂れ、見送る。報道陣とともにいる神宮広報係も同じく頭を垂れている。そして、神饌を納めた辛櫃を先頭に神職たちの祭列は参道を進み、祭りの行われる正宮《しょうぐう》へ向かう。神に供える食というのはこれほどに丁重に扱うものなのかと驚いた。

神社が供える神饌は海外でも注目されていた。米国ハーバード大学で和食を授業に取り上げるテオドル・C・ベスター教授は、神饌についてインタビューでこう答えている（「ハーバードの日本再発見」『中央公論』二〇一七年九月号）。

「私が最も注目しているのは、何を神様にお供えしているかです。日々の神饌は米、酒、塩、水が中心ですが、例大祭など特別なお祭りには魚、野菜、果物、海藻、菓子などを美しく盛りつけます。和食の構成物として最も大切なものを神饌が象徴しているといえる」

また、ベスター教授は、日本で最も古い料理様式は神饌であったと考えられているが、明治時代に神饌そのものが変わってしまったため、現代の和食と直接つながっているかはわからないとしている。

ベスター教授が指摘する明治時代の神饌の変化は、『神社祭式《さいしき》』（明治八年・式部寮達）によって神饌が規定されたことによる。現在は、神社本庁による「神社祭式行事作法」により、神饌の品目は次のように原則的に決まっている。神社では現在、こうした海産物や農作物を洗って生のままで供える「生饌《せいせん》」（丸物《まるもの》神饌）を主《おも》に供える。

和稲（にぎしね・籾をすり去った稲の実。米）
荒稲（あらしね・外皮を取り去っていない米。もみ）
酒
餅
海魚

川魚
野鳥
水鳥
海藻
野菜
菓
塩
水

では神社祭式以前はどのようなものだったのか。全国には古い形の神饌を今なお供えている神社もある。そこでは、人間の食事のように小さく切り刻んだり、蒸したり、焼いたり、調理した状態である「熟饌《じゅくせん》」（調理神饌）が出されている。おそらく私たちが最もおいしいと思う料理を神前に出していたのではないだろうか。

そうした神饌は、今は特殊《とくしゅ》神饌と呼ばれる。標準語と地域の方言のように、標準的な神饌に対して地域独自の神饌は「特殊」がつく。特殊神饌はまた仏教的な色彩が濃厚な仏供《ぶっく》との関わりが指摘されている。

三重県はじつに約千百四十五キロという、全国で七番目に長い海岸線を持つ。海産物の豊かな地は、古くから朝廷にその海産物を税として納めた「御食《みけ》つ国」の歴史を持ち、また伊勢神宮の神に供える御贄《みにえ》を献上してきた。肉食を禁じた朝廷にとって、動物性たんぱく質を得る魚介類が豊富な地域は、重要であったのである。魚介類は祭りにも供えられた。

また、三重県は日本のほぼ真ん中に位置することから、古より、東西文化が交流する地でもあった。言葉はもとより、正月の雑煮《ぞうに》餅が丸いか四角か、味つけなども一つ山を越えれば変わるなど多様性を持っているのも特徴だ。それならば、神社祭式によって、神饌の画一化が進む一方で、この土地に昔から伝わる特殊神饌はないものだろうか。

三重県内で調べてみると、地域性に富んだ食を祭りに出しているところがあった。

神社祭式以前から伝わる神饌をはじめ、神に供えるものだけでなく、参列した人々が食するもの、神仏習合のかたちを残す儀式の食なども興味深かった。いずれも地域の人々が残してきたものである。そうした食に触れると、いかにこの三重という土地が豊かで、祭りの食を大切にしてきたかが、うかがえた。

今回は、地域に伝わる祭り、行事の食を餅、海魚、海藻、特殊神饌、伊勢神宮の神饌について考察し、岡田文化財団より助成をいただき、一冊にまとめることができた。今後も引き続き、祭りの食を追いたいと願っている。

著者記す

平成三十年　立春に

第一章

餅

「米には霊が宿る」。日本人は古くから米を大切にしてきた。ご飯粒を残すと親や祖父母に叱られた経験を持つ人は多い。その米を蒸して、搗《つ》き、ねばりをつけた餅。米から餅へ、ハレの日の食として、日本人は正月をはじめ、祭りや祝い事、めでたいことがあると食べた。ことに新年の鏡餅、お雑煮《ぞうに》、鏡開きと正月の行事には餅が欠かせない。一月、二月の寒い時期、滋賀、京都を中心に行われる農作祈願の祭りに「オコナイ」がある。里の人たちが作った大きな鏡餅や餅花が社寺に供えられ、午玉宝印《ごおうほういん》の札や杖を配布されるのが習わしになっている。それが三重県の伊賀地域にも伝わっていた。

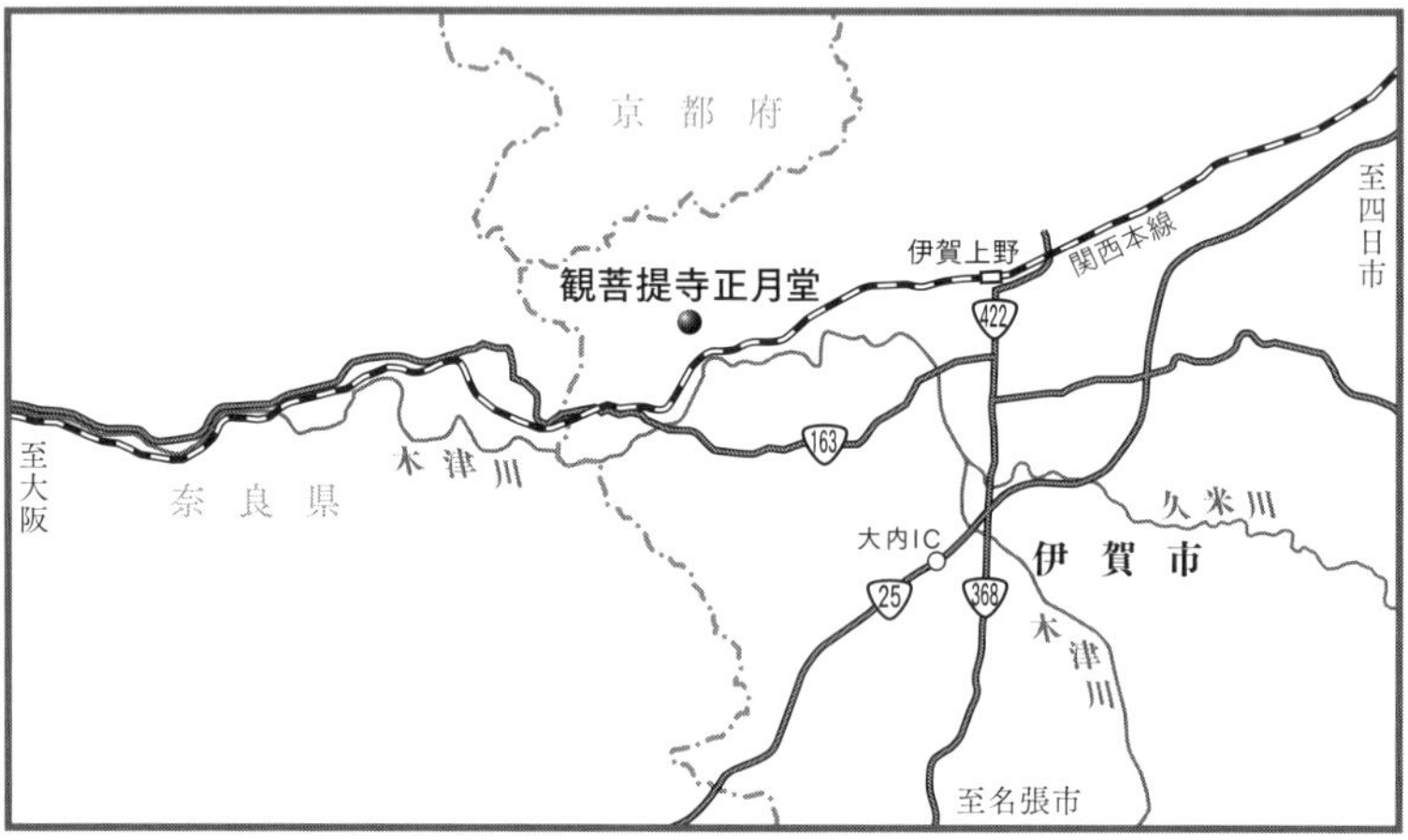

●勧菩提寺正月堂
住所：三重県伊賀市島ヶ原中村内立場 1349
電話：0595-59-2009
　　　0595-59-3080（社務所）
アクセス：JR 関西本線「島ヶ原駅」から徒歩約 20 分。車なら名阪国道「大内IC」より約 20 分
・参拝自由

修正会・せきのと

二月十、十一日　観菩提寺正月堂（伊賀市島ヶ原）

伊賀の川は東から西に流れる。

三重県は中央に連なる布引《ぬのびき》山地が分水嶺となり、そこから東へ向かう流れは、多くの河川となって伊勢平野を潤し、伊勢湾へと注ぐ。一方、西へ向かうと伊賀盆地から木津川《きづがわ》となって、京都、大阪をめぐり大阪湾にたどりつくのである。

伊賀という土地は地理的、歴史的に奈良や京都、滋賀の文化に色濃く影響を受けている。その歴史を物語るのが、島ヶ原の観菩提寺《かんぼだいじ》、通称正月堂である。毎年三月一日から十四日に行われる奈良東大寺二月堂の修二会《しゅにえ》「お水取り」に先立って行事があるため、寺は正月堂と呼ばれ、行事は修正会《しゅしょうえ》という。正月堂、二月堂はともに十一面観音菩薩像を御本尊としている寺院だ。

大餅に閼伽水の存在

二月、立春は暖かな日であった。伊賀へ向かう十一日は天気予報によると大雪の予報が出されていた。伊勢から向かうにあたり、道中が心配になり、島ヶ原の知り合いに電話をした。するときっぱりとした返事に安心した。

長田地区の国道脇に見られた勧請縄

「道は大丈夫です」

伊勢から伊勢自動車道、名阪国道で西へ向かうと、雪景色が広がっていた。しかし、峠の気温は0度。晴天の伊勢から、雪の舞う伊賀へ。三重は広い。

名阪国道を下り、国道一六三号線で島ヶ原へ向かう。途中、長田《ながた》地区に張られた勧請縄《かんじょうなわ》が雪をかぶっていた。勧請縄は、伊賀地方で新年、村境の一カ所へ川や道を横切って縄を掛ける風習だ。縄の長さは場所にもよるが二十メートルはゆうにあり、そこに米俵やヒョウタンなどの藁飾りや祈願札を吊るす。地域の安全や五穀豊穣を祈る伝統行事である。三重県内というよりも奈良、京都、滋賀で見られ、古《いにしえ》からの文化圏の違いをうかがわせる。

国道から島ヶ原へ入ると、木津川のゆったりとした流れが目に入る。雪はやみ、遠くに望むのは三国越《みくにごえ》林道になるのだろうか。三重県最西北端の島ヶ原は、北は滋賀、西は京都、南の一部は奈良と、三つの国に接する。瓦屋根の木造家屋、立派な門を構える家が多く、豊かな町であることがわかる。江戸時代には奈良街道の宿場町として栄え、また木津川の水運でも繁栄した町なのだ。集落に品格が漂うのはその歴史が培ったものなのだろう。

正月堂。東大寺の別当、良弁の弟子、実忠が創始した

正月堂は、田畑が開けた山麓の里に建っていた。すでに修正会を見ようという人々が集まり、境内には露店も立っている。本堂は本尊の十一面観音の厨子《ずし》以外はすっかりと片付けられ、がらんとしている。「ようこそ」と迎えてくれた山菅《やますげ》善文さんも、準備に余念がない。住職が高齢のため、堂番《どうばん》として会式《えしき》を仕切っている方だ。島ヶ原観光振興会会長と名刺にあった。渋い藍色をした揃いの半被《はっぴ》は使い込まれ、右襟に「正月堂」、左襟に「せきのと」と記されている。地元では修正会というより「せきのと（節句の頭）」と呼ばれている。

秘仏を納める厨子は会式といえども閉ざされたままだが、厨子の正面を黒い板で覆ってあるのはなぜだろうか。

「壊されたら大変ですからね。大餅は一つで十キロから二十キロありますから」

山菅さんの言葉に、これから始まる大餅の練《ね》り込《こ》みの激しさが想像できた。

寺伝では、修正会の由緒はこのように説明されている。

「ここ島ヶ原にある観菩提寺は俗に正月堂と称し、天平勝宝三年（七五一）に奈良東大寺の実忠《じっちゅう》和尚により開創されたという…（正月堂の修正会は）二月堂のお水取り（修二会）に先駆けて行

達陀行法。十一面悔過（けか）は実忠が始めたとも

われることで知られ、ここ正月堂の修正会こそ発祥の地ともいわれている。年のはじめにあたる二月十一日は大餅を奉納する『大餅練り込み』。村内に伝わる『頭屋《とうや》』が掛け声とともにぶつかりあい、餅の成り花を揺らしながら、堂内に入るという勇ましいもので、二日目十二日は祓《はら》えの乱打の音と、火と水の荒行で有名な『達陀《だったん》行法《ぎょうほう》』の力強い春の息吹が体中に伝わってくる儀式である」

修正会はもともと旧暦の正月十日に行われる正月行事だったが、新暦の二月十日、十一日に固定され、そののち建国記念日の十一日、翌十二日に変わった。

観菩提寺は葬式を行わない寺で、檀家《だんか》はなく、信徒数十軒で守る。修正会は、村内で頭屋《とうや》制（何軒かで講《こう》と呼ばれるグループを作り、その代表が頭屋となる）を取り、講ごとに大餅を作り、練り込む。

現在は七つの講がある。（平成二十九年の願解順）

聖風講《せいふうこう》
こども節句之頭《せきのと》やぶっちゃ
白黄会《はくおうえ》

蜜《みつ》ノ《の》木講《きこう》
元頭村《えとうむら》
中矢方《なかやほう》
西方《にしほう》

島ヶ原の地名がついている古い講もあるが、子どもたちのグループをはじめ、新しく結成された講もある。

修正会は、練り込みと達陀行法の二日間が知られているが、じつはあまり知られていない「お水取り」行事がある。

東大寺二月堂の修二会が「お水取り」と広く呼ばれるのも、堂前の閼伽井屋《あかいや》の井戸（若狭井《わかさい》）から水を汲んで本堂内陣《ないじん》に運び込む儀式に重きが置かれるからである。人々は回廊から撒かれるこの聖水と、大松明の火の粉をあびると厄除けになると信じ、争って受けるのである。

正月堂の修正会にも、お堂の背後にある山の井戸（閼伽井）から汲む浄水《じょうすい》と呼ばれる聖なる水の存在があった。ただし、井戸の位置は知らされていない。仏前に供える大餅を「せきのと（節句の頭）」と呼ぶが、この大餅を作るにあたり、まずはもち米を浄水で清めるのである。

大まかな修正会の流れを記す。

二月八日　山中の閼伽井から汲んだ浄水で、大餅を作るもち米を清める。

浄水は直径三センチほどの竹筒に汲まれ、それをもち米に振りかける。

その際に、大餅づくりに使う臼や杵などの道具を改める。

二月九日

大餅づくり。

朝から頭屋の家では、講の仲間が持ち寄ったもち米を蒸して、餅を搗《つ》く。労力がかかるため、ほとんどは餅つき機を使うが、一軒のみ、臼《うす》と千本杵《きね》でもって昔ながらの餅つきを行う。六人が千本杵を手に持ち、掛け声とともに、餅を高々と持ち上げる。午前中で終わる。現在、講では約三斗の餅を搗く。

千本杵での餅つき。大量のため 10 回以上行う（写真提供 島ヶ原観光協会）

大餅加工中。ついた餅をあんのように包み、更に包んで大きな餅にしていく（写真提供 島ヶ原観光協会）

番号のついた大餅柱。上から「五、四、三、二、一」

米はかつて共有田《きょうゆうでん》で収穫されたものを使用していたが、戦後の農地解放後は共有田がなくなり、村でもち米を作る農家から調達している。

餅つき終了後、木桶に入れて餅をさまし、ひっくり返しながら形にしていく。飾りを作る。その後、宴会が行われる。

二月十一日

大餅会式《だいひょうえしき》。練り込み。

頭屋の家で、講の仲間や親戚が集まり、宴会。たっぷり、酒を飲む。そこから行列で、正月堂へ向かう。門前で再び隊列を組んで、堂内へ練り込む。順番はなく、着いた講から。前の講が遅いと、もめたりする。堂内では大餅や成《な》り花、五枝の松、勝ち栗を納め、皆が集まって祝《ほ》ぎ歌（数え歌）を賑やかに歌う。その際、足を踏み鳴らし、大声で歌う。この日ばかりは内陣も土足で入る。堂内は酒の匂いと熱気に包まれる。寒さも吹き飛ぶ。午後二時から三時。終了後は帰宅。

二月十二日

達陀行法。

昼、寺務所に今年の頭屋（本頭《ほんとう》）と来年の頭屋（明頭《みょうとう》）が集まり、会食。境内は前日と異なり、比較的静か。

午後一時から本堂に入り、僧侶らが行う行法を見守る。

この際、村内の氏神である鵜宮《うのみや》神社の宮司らも参列す

本堂へ向かう大餅の練り込み

る。五体投地《ごたいとうち》や火と水がせめぎ合う荒行が行われる。三時頃終了。「五の餅」に午玉宝印が捺され、成り花など飾りとともに講に返される。

二月十三日　餅きり。

一〜四の大餅が、細かく切られ、会式に奉仕した人々に配られる。

米から餅へ、ハレの食へ

日本の正月は、餅が欠かせない。歳神《としがみ》（歳徳神《としとく》）を家へ迎えるために鏡餅をお供えし、人々も雑煮を食べる。現代では自宅で餅を搗《つ》くことは少なくなったが、それでも人々はパック詰めされた小さな鏡餅を正月用として準備をする。寺社には、新しい年の豊作豊漁、家内安全を祈り、正月餅が供えられる。

そもそも日本ではいつから餅が搗かれるようになったのか。

第十五代応神天皇の頃、最初の餅である「しとぎ」を作って献上したのが、米餅搗大使命《たがねつきおおみのみこと》という。滋賀県大津市の小野神社の祭神で、第五代孝昭《こうしょう》天皇の第一皇子である天足彦国押人命《あまたらしひこくにおしひとのみこと》の七代目の孫にあたり、遣隋使の小野妹子の先祖になる。応神天皇というと、五世紀頃になるのだろうか。神社では今も十一月には、「しとぎ」を作り、神前に供える「しとぎ祭り」が行われる。その際の「しとぎ」は神田で収穫したもち米を前日から水に浸し、生のまま臼に入れ横杵でコツコツと丹念に搗いて粉砕し、さらに杵で搗くと普通の餅に仕上がるという。これを納豆のように藁のツトに包み込み、神前に供える。米餅搗大使命の神名の「たがね」は「しとぎ」「餅」の古語という一説もある。そのため、この神は、餅の祖として餅業界や製菓業界から信仰され、「しとぎ祭」には多くの参拝者が訪れる。

「しとぎ」は、生米を水に浸して軟らかくしてから、杵で搗き砕いて固めた食べ物で、すでに九世紀の文献に出て来る。のちにもち米を蒸して搗き、長い卵形や長円形に作るようになるが、古くは生のままで神に供えていたようだ。固い米粒を潰していくと、やがて粘り気が出てきて、さまざまな形にできることに、人知の及ばぬ神の力を感じたのだろうか。

平安時代になると、年中行事が定まってきて、正月の歯固めの餅鏡、三月三日の草餅、五月の端午の節句の粽、秋の亥の子餅など、さまざまな餅がでてくる。なぜ、餅がハレの日、祭りの食となったのか。渡部忠世／深澤小百合の『もち（糯・餅）』（法政大学出版局、一九九八年）では、民俗学者の柳田国男、宮田登らの文献から、共同体全体に生殖的な活力を与え、農耕を強化するものが餅であり、米粒が凝縮された餅に卓越した米の霊力を感得したとし、「餅は新しく生命を更新、再生させる霊力を含むというこの揺るがぬ『信仰』が、結婚、出産、病気、死などの人生儀礼や、また播種、田植え、収穫などの農耕儀礼のハレの日に、再生の餅をつくり食べる意味を見いだしてきたに違いない。古来、餅がハレの日の食べものであることは、考えればこんなところに出発するのであろうと考える」という。

こうした餅への揺るがぬ信仰も、小さくて固い米粒が粘りを持ち、大きな塊となる形状の変化への畏怖が大きいのではないだろうか。そして、炊いた米に比べ、搗いた餅はよく乾燥させておけば長期間の保存がきくようになる。また、固くなった餅は、焼くか煮ればまた柔らかくなる性質をもつ。こうした特性はハレの日だけでなく、神への供物にしても適している。

島ヶ原の「せきのと（節句の頭）」の「節句」は節供のことで、特定の日に神に食物を供える意味がある。「頭」は最初というよりも頭屋《とうや》の略で、頭屋が供える食と考えられる。

正月餅というより、二月の厄除け餅にあたるのだろう。

私が、伊賀の正月堂を初めて訪れたのは、二十年以上前になる。随筆家の白洲正子さんの『十一面観音巡礼』を読んでのことだった。白洲さんは木津川に沿って点々と祀られている十一面観音を巡った。木津川をさかのぼるように寺々を回り、最後に川上の正月堂の秘仏と出会った。十一面観音は水の信仰と密接に結びついていることや東大寺造営に大きな役割を果たしていることに言及している。

「暗い本堂の中で拝んだ時には、何ともいえず神秘的な印象をうけた。仏像というより、神像に近い感じがした」

本尊の十一面観音像は明治三十七年に国指定重要文化財となった秘仏で、三十三年に一度ご開帳される。

平成二十八年十一月に約一週間公開され、私も興奮のうちに拝顔した。その日も、参詣の人々が大勢訪れ、寺は賑わっていた。北海道から沖縄まで遠方からも来訪者がひきもきらず、なかには東京からバスを仕立ててこの伊賀の山里にやって来た一団もいたほどという。

開かれた厨子には、美しい観音菩薩が立っておられた。神々しい眼差しで、重厚なお姿だ。伊賀でこのような古風な仏像にまみえるとは、思ってもいなかった。

大餅会式の練り込み「エットウ、エットウ」

午後一時半、境内の外から賑やかな声が響いてきた。子どもたちによる「こども節供之頭」の練り込みだ。旗持ちを先頭に、山桜の枝に平たい白餅をつけた成り花（餅花）、竹の先に勝栗を刺した「いばり栗」、五枝の松、豊年俵（かつては本物の米俵）、それになんといっても独創的な「鬼頭《おにがしら》」が目を引く。藁《わら》にシュロで巻いた土台に、人参の角が二本、目は蜜柑に黒マジックで瞳も描いている。

講の人々が農作物で作った鬼頭

艶やかな山栗を連ねて鼻と口が、耳は大根でできている。土台は毎年同じだが、顔の造作は新しくする。怒ったような顔、少し優しい顔、講ごとに鬼の表情は異なる。こうした飾り物を参道の見物人に見せるように歩く。これに反応するのが幼児だ。鬼頭が怖いようで、近づかず、泣き出す子どももいる。

五枚の大餅《だいひょう》は一枚ずつ白布に包まれ、男子が受け持つ。大きいもので、十キロというから、門前には待つ間に大餅を仮置く臨時の餅置き棚が用意されている。

一行は、「エットウ、エットウ」の掛け声も賑やかに、楼門を入り、本堂へ駆け上がる。大餅などを厨子前の所定の位置に

大餅の練り込みは、見物人の中を賑やかに入ってくる

世話役が納めると、今度は祝《ほ》ぎ歌がはじまった。一から始まる数え歌だ。子どもたちは恥ずかしがらず、皆で円陣を組み大声で歌う。その際、わざと音を立てるように床を足で鳴らす。堂内は、祭りならではの盛り上がりを見せる。万歳三唱が起きる。本来なら厳粛であるべき本堂に土足で上がり込み、大騒ぎする。この日は無礼講だ。

子どもたちが本堂を去ったあとも、大人たちの講は姿を見せない。講の頭屋の家で宴会をしており、なかなか出たがらないと、世話役は口々に言う。

二時頃だろうか、ようやく「白黄会《はくおうえ》」の旗が見えた。すでにほろ酔いの赤ら顔で、沿道の人々に、飾り物を押し付けたりしている。本堂に入ってくると、その熱気はすさまじい。子どもたちは歌詞の紙を見ながら祝ぎ歌を唄っていたが、大人たちは空んじて歌え、手拍子をして、なかには飛びはねて踊っている。ここで人々がもみ合い、大騒ぎをする。

次々に、講の人々が楼門前に現れる。前の講が本堂を空けるまでは、ここで待機する。以前は遅いと喧嘩が始まったというが、今は門前で「エットウ、エットウ」と連呼したり、講の仲間たちで談笑したりしている。講は二十人ほどいるが、頭屋は礼服を着用して、その上に半被をはおっている。若い男性だけでなく、女性も老人も子ども、外国人の姿もある。

七組すべての講が練り込みを終えると、本尊の厨子前には、七つの餅柱が高く積まれている。その上にはさまざまな表情をした鬼頭が置かれ、見ていて飽きない。事前の抽選により餅柱を置く位置は決められている。中央から東側、西側の壱《いち》番となる。

7組の講が供えた大餅柱。5つの餅が積み上げられている

厨子前に、整然と並ぶ餅柱と鬼頭。こうした形は、神前に供える神饌に似ている。例えば、長野県諏訪大社の上社《かみしゃ》は、三方の台に鹿の頭が六つ並ぶ。異様にも見えるが、土地を守って下さる神に、自分たちが食べている鹿を見ていただくため、こうした形で神前に供える。神に食を供えることは、文献に記されなくとも太古から行われていたと考えられるが、奈良時代に形が整ったとされる。その際に、神に見ていただくため、盛り付けを美しく、また高く積み上げるという形をとった。料理を見せるように美しく盛り付けることは、この神饌に源がある。「せきのと」の餅柱も、まさに神に見せるごとくに、七組の講が競うように高く積み上げ、ユニークな鬼頭や成り花やいばり栗、五枝の松、豊年俵をさまざまに飾る。神前ではないが、秘仏の十一面観音菩薩にお見せするのであろう。

それにしてもこれほどに高く積まれた餅柱は初めて見た。よく見ると、餅柱の五枚の餅の厚みが異なる。山菅さんに聞いてみた。

――なぜ、一番の上の餅だけ分厚いのですか。

「上から、五、四、三、二、一となり、一番上を五の餅と呼んで、明日の会式が終わればこれだけ講のものに下される。あとの一から四は寺のもの。どの餅も直径は三十センチくらいやけど、五の餅だけぶ厚くするのやな。以前、中矢方は大きな餅を作ってきたので、ここの天井につかえて鬼頭が置けなかったことがあった。それでしばらく中矢方だけ鬼頭がなかった。それだけ、米が豊作やった、豊かということやな」

一番上が「五の餅」。会式後は講に下される

――成り花の餅は丸ではなく、平ですね。

「一年かけて、山でええ山桜の枝を探してきます。平らな餅は女性器を表している。平らな餅で枝にくるむ。普通の年は十二枚、四年に一度のうるう年の時は十三枚になる。つがいの燕も飾る。毎年、島ヶ原には燕がやってくる。春を呼ぶ鳥ですから。ほかには、鬼頭、いばり栗、五枚の松、豊年俵を供えるのが習わし。今晩はわしはここに泊まって番をします」

山菅さんはこの日、もう一人と「せきのと」を守るため、厳寒の中、本堂に泊まった。

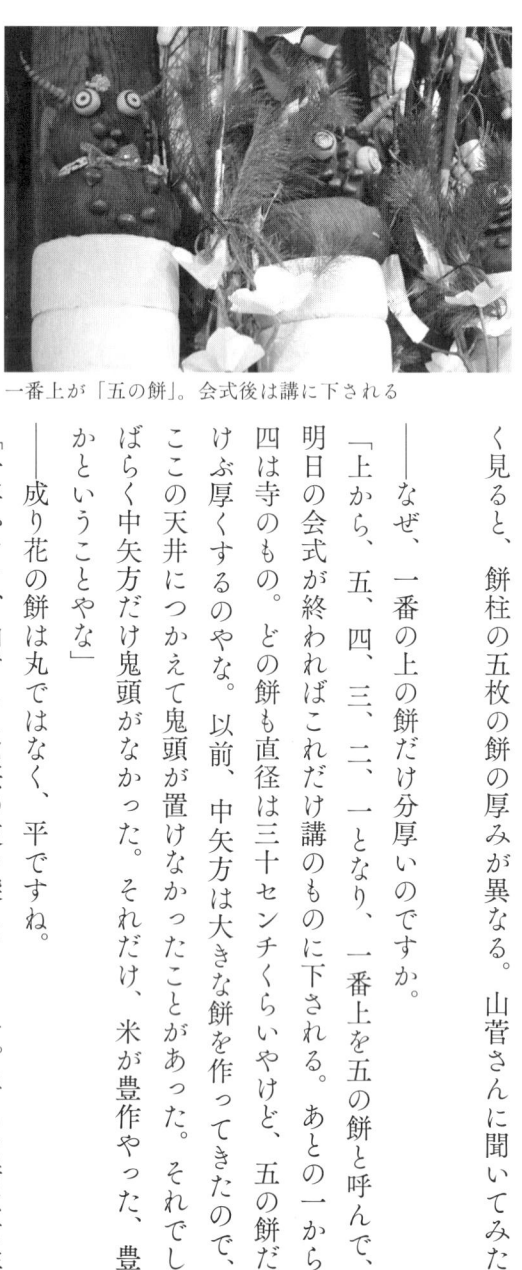

達陀の行法、火と水の祓い

翌日、伊勢は晴れていた。昼頃に島ヶ原へ着くと伊勢と同様、晴れていい天気だ。昨日よりは幾分暖かい。寺の周辺に人出はあったが、楼門を入ると昨日と雰囲気が変わり、整然としていた。本堂も厨子前に大餅が置かれているのは変わらないが、内陣には護摩壇《ごまだん》が置かれ、座布団が敷かれていた。一般の見物人はその後ろに控える。

私は特別に内陣《ないじん》に入れてもらった。もちろん今日は土足禁止。昨日は土足で上がっていたが今日は裏で靴を脱ぎ、半被を着た総代の隣に座った。

神主によるお祓いを僧侶が受ける

立派な袈裟《けさ》をつけた僧侶らが入堂してきた。高齢の住職のほかは、奈良の初瀬《はせ》にある長谷寺《はせでら》から来られているという。そこに白い斎服《さいふく》の神職も入ってきた。島ヶ原の氏神である鵜宮《うのみや》神社の宮司と神職だ。寺の本堂に僧侶と神職。かつての神仏習合の形がここには残っている。珍しいですね、と総代に声をかけると「昔から神社とはつながりがありますから」とすまして答えた。そういえば本堂にも楼門にも、寺院にも関わらず立派な注連縄《しめなわ》がかかっている。毎年、新年に新しく張り替えられるという。

揃いの半被を着た頭屋たちが僧侶の後ろに並ぶ。黒い礼服に半被姿。昨日、あれほど酒を飲んでいたにも関わらず二日酔いでも

厨子をたたく漆の杖

なく、神妙な表情で座っている。たいしたものだ。前列が今年の頭屋、本頭《ほんとう》。後列が来年に担当する頭屋、明頭《みょうとう》だ。

午後一時、本堂は見物人でぎっしりと埋まっている。密教の儀式は、まずは神職の祓詞《はらえことば》、宮司の祝詞《のりと》から始まる。祝詞の「くさぐさを横山のごとく〜」の通り、仏前には食が供えられる。

身体に冷えを感じ、ふと外を見ると、雲が垂れ込め雪が降っていた。あれほど晴れていたのに、伊賀は山里、天気が変わりやすい。

銅鑼《どら》の大きな音がなり、僧侶らの読経《どきょう》が始まる。護摩焚きの煙が堂内に充満する。僧侶のうち練《れん》行衆《ぎょうしゅう》六人ほどが立ち上がり、歯のない下駄《げた》を履く。「午玉　正月堂」と記された御札を左手にしっかりと持ち、秘仏を納めた厨子を左回りに回る。そして右手には午王杖《ごおうつえ》（漆の枝）を持ち、なんと厨子の壁を乱打している。罰当たりではないか、内陣に入っていた報道陣も杖を必死に打ち続ける僧侶らの姿にとまどっているのがわかった。

そして、練行衆は厨子の正面に来ると、床に設置された一メートルほどの板に膝を打ち付け、五体投地を行った。それを六人の僧侶が次々に行うため、すさまじい音が堂内に響く。

昨年、東大寺二月堂の修二会に行ったが、女性は内陣には入れないため、格子の中で暗い堂内をじっと見ていた。その際、どたん、どたんという音を聞いたが、練行衆の五体投地の行法や下駄で動き回る音であったのだ。内陣に入れば、その様子を目の当たりにするが、外陣《げじん》の見物人は護摩壇にさえぎられ、見ることはできない。貴重な体験に感謝した。

練行衆が席に戻ると、今度は、頭屋たちにお礼のお神酒が一人ひとりにふるまわれた。僧侶が堂内で酒をふるまうのである。珍しいですねと、隣の総代に再びふると、「お礼のお神酒ですわ」となんでもないように答えた。今年の頭屋、本頭には、「ありがとうございました」。来年の明頭には「来年お願いします」とねぎらいの言葉をかける。先ほどの午玉の御札とスルメイカなどの酒肴も下される。

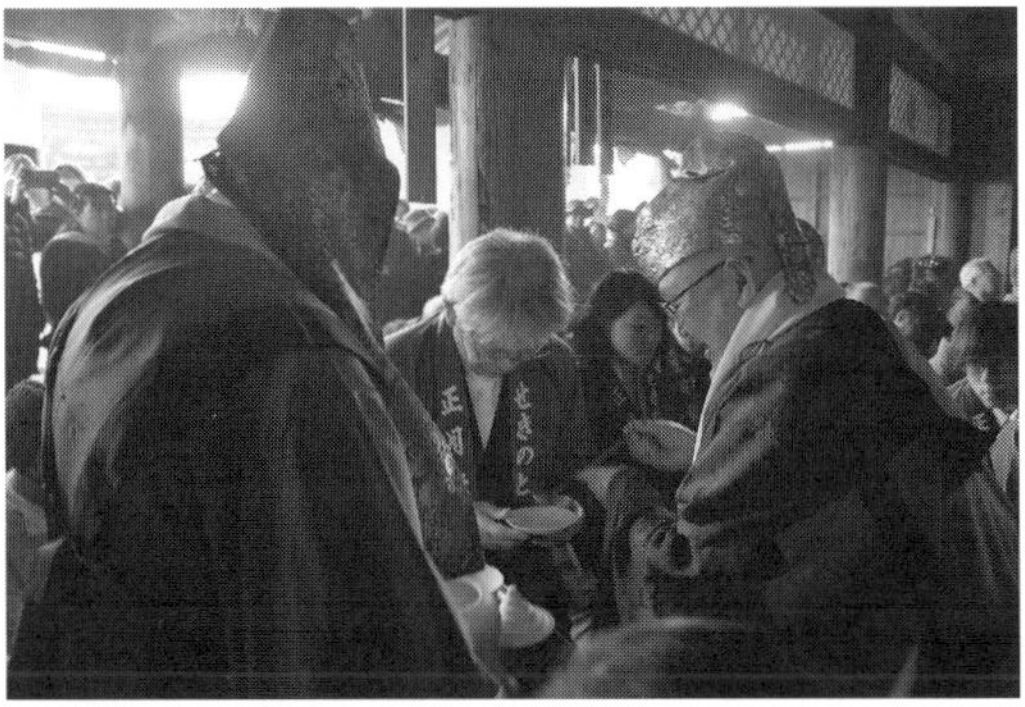
ねぎらいのお神酒

そして、二人の練行衆が水天《すいてん》と火天《ひてん》に扮して、水天は聖水《せいすい》を撒き、火天は松明《たいまつ》の火を振りかざす。国指定重要文化財の本堂内で水を撒き、火を振り回すことに驚くが、これが信仰なのであろう。

随筆家の白洲正子は正月堂の修正会について、村の人々が大餅を搗き、練り込みをする民衆の祭と結びついていることを大いに喜んでいる。そして、「春の祭は、地下に眠っている精霊《せいれい》を呼びさます為に、大地を踏んだり、走り廻ったりするといわれているが、『走りの行法』も、『五体投地』も、原型はこういう所にあったのかも知れない。（略）お堂の中を走り廻るのと、早く春が来よかしともみ合うのと、根本的な違いはないように思われる。懺悔《さんげ》の為に、五体を投げうつのさえ、春の女神に祈っているのである」とつづる。

餅に牛王宝印の朱印を押す

雪は降り続いていたが、総代はじっと雪を見ながらぽつりと言った。

「これで春が来ますわ。来週になったら、島ヶ原も暖かくなってきます」

不思議と私もそう思った。

儀式は、「無事に終わりました。おめでとうございます」という僧侶の挨拶で終わった。

本堂は片付けが始まった。山菅さんが、「聖風講《せいふうこう》、聖風講」と呼んでいる。

半被の人が来ると、「五の餅」に朱の印を押している。印鑑は二つあり、梵字《ぼんじ》が刻まれている。それをまんべんなく餅に擦り付けている感じだ。それを講の人は、白布に包み、担いで帰る。餅花や鬼頭も一緒に持って帰る。本堂には一～四の餅が残されるだけだ。これも翌日、大きな鉈庖丁で切られ、関係者にふるまわれるという。

「朱の餅はな、欲しい人が多くて、これをもらうと受験に受かるというてね。島ヶ原の子はみな、受験は受かるんやわ」と山菅さんが言うと、

「うまいこと言うな」

とほかの人が笑う。

雪は上がり、また島ヶ原の正月堂は青空の下にあった。

第二章

海魚

南北に海岸線が長く続く三重県は、古くから沿岸漁業が盛ん。海産物の豊富な「御食《みけ》つ国」といわれ、漁村では採れたての魚貝類を朝廷や神々に供えてきた。「水産神饌《しんせん》」と呼ばれる。千年前の『延喜式《えんぎしき》』で最も多いのは、アワビだ。伊勢神宮の三節祭《さんせつさい》の神饌にも、生をはじめ、のしアワビの身取鰒《みとりあわび》、玉貫鰒《たまぬき》が供えられている。また、アワビのほかに土地で採れた魚を神前に供える地域も多い。とくに志摩市浜島町の正月行事の弓引きでは、「盤《ばん》の魚《うお》」といって、ボラの包丁式《ほうちょうしき》を行い、射手《いて》らをもてなし、それから一年の豊漁を占う弓引き神事が行われる。

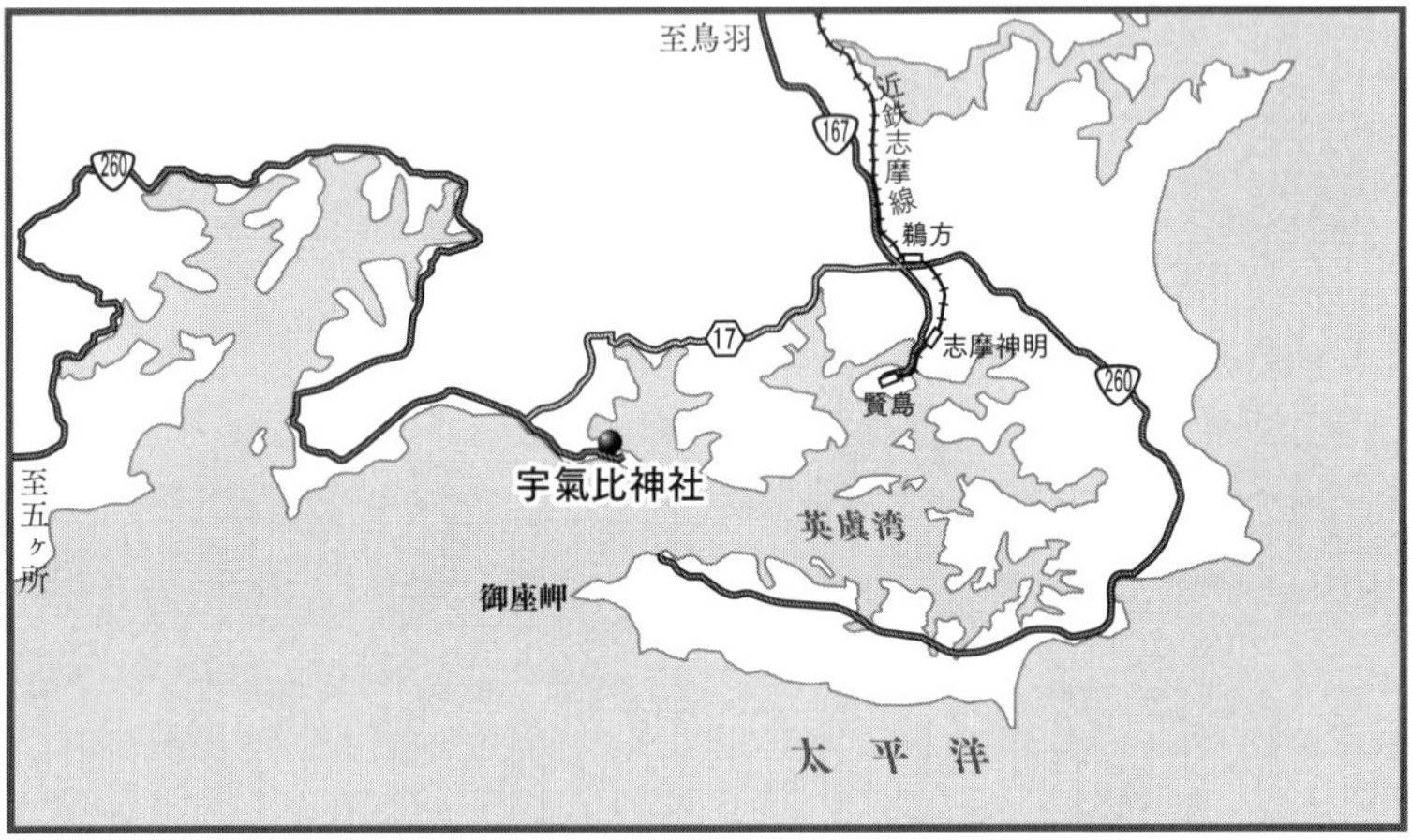

●宇氣比神社
住所：三重県志摩市浜島町浜島 681
電話：0599-53-0088
アクセス：近鉄志摩線鵜方駅から車で 15 分
・参拝自由

盤《ばん》の魚《うお》

一月十一日（以前は旧暦一月十一日のため、二月十一日頃）　宇氣比《うけひ》神社（志摩市浜島町浜島）

正月を過ぎた一月十一日、志摩市浜島は抜けるような青空と、海浜に出れば、底まで透けて見える海が広がっていた。海からの風は冷たいが、広々とした海面は穏やかだ。漁業が盛んな町だが、今日は漁船の姿は海上にはない。休漁だ。一年の豊漁を占う、大切な弓引き神事が行われるからだ。

宇氣比神社前は露店が並び、地域の子どもからお年寄りまでが出ていた。小学生はうれしそうに走り回っている。おばあさんたちは話に夢中だ。

「えび祭《まつり》（いせえび祭り）はもっと店が出とんのに、今日は少ないな。孫が弓引きに来たいというので連れてきたのに」

いせえび祭りは、昭和になってできたイベントであるが、今やいせえび御輿《みこし》やじゃこっぺ踊りなどで大いに賑わうようになった。一方、弓引きの始まりは不明だが、四百年前にもさかのぼるとされる。弓引きはこの志摩半島の海辺には正月行事として各地に伝わっているが、ことに浜島は、「盤の魚」と呼ばれる包丁式が行われることで知られる。手を使わずに、真名箸《まなばし》（金属製の箸）と包丁だけで魚をさばくものだが、この儀式はほとんどの地区で廃れてしまっている。『三重県神社誌』にはこのように説明されている。

「弓引の前に「盤魚」と称する行事あり。鮮魚を截るのを式にして之を掌るのは従来井上家（当主伴蔵）の世襲する所なり。鮮魚は鯔《ぼら》二匹を用うるを例とす。盤魚所役は裃《かみしも》を着け、先ず頭を離して次に身卸しをなしたる後、原形の如く接合せて退く、此間魚を扱うには俎箸を用い手をふれざるを式とす。次に魚見役出でて、曩《さき》に原形の如く接合せたるものを更に之を細截し、頭は自ら持帰り、切身は列席者に配布す。各自家に持帰りて神棚に供し年中の豊漁を祈るを例とする」

御食つ国の重要性

太平洋に突き出た志摩半島は、海産物に恵まれた「御食《みけ》つ国」である。

御食つ国は、朝廷に税金として米ではなく、海産物を納めた国のことで、志摩国（三重県）、瀬戸内海に浮かぶ淡路《あわじ》島（兵庫県）、日本海側の若狭《わかさ》国（福井県）にあたる。大和《やまと》（奈良県）の平城京《へいじょうきょう》にしろ、山城《やましろ》（京都府）の平安京にしろ、海から離れた地に都が開かれたため、天武天皇の代、牛馬の肉食を禁じられた人々にとって、動物性たんぱく質を摂取するには大量の魚貝類が必要であった。そのため、米でなく海産物を産する地域を朝廷は重要視したのである。

『日本書紀』天武天皇四年（六七五）四月に出された肉食禁止令にはこうある。

「今より以後《のち》諸《もろもろ》の漁《すなど》り猟《かり》する者を制《いさ》め、檻《おり》・穽《ししあな》（落とし穴）を造り、施槍《ふむはなち》等の類を施《お》くこと莫《なか》れ。亦《また》四月の朔《ついたち》より以後、九月三十日より以前に比弥沙伎理《ひまさぎり》の梁《やな》を置くこと莫れ。且つ牛・馬・犬・猿・鶏の宍《しし》（肉）を食ふこと莫れ。以外は禁例《かぎり》に在らず若《も》し犯す者有らば罪《つみ》せむ」

国士舘大学の原田信男教授の研究によると、今までは仏教のために殺生戒を重んじて、肉食禁止を出したといわれてきたが、稲作期間である四月から九月に、農耕の労働に使われる牛や馬、家畜の鶏、人間に近い犬を食べることが禁じられている。日本人が長く食べてきた鹿や猪は食べてもよいのだ。稲作を奨励する国策として、肉食を制限したために、米と魚食が発展してきたという。そのため、日本では肉よりも魚が盛んに食べられ、祭りの食として魚が供えられてきたという考えだ。

また、世界で主食となっているものに米と麦がある。トルコで発祥したとされる麦食は、小麦と乳製品の組み合わせで食事が成り立つ。主食はパンや麺、チーズ、バター、クリーム、ケーキ、最高の嗜好品の酒はビールやウイスキーだ。一方、米は、東アジアを中心に、米と魚の組み合わせで食べられてきた。菓子は米を原料にした煎餅や和菓子、酒は日本酒である。こうした米文化が祭りの食としての魚も大切にしてきたのである。

御食つ国と呼ばれた志摩半島

井上家の包丁式

一月十一日は、十三時から宇氣比《うけひ》神社で祭典が行われた。弓引きの射手をはじめ、その両親、親戚、舞姫、漁業関係者など

宇氣比神社から御座岬を望む

参列者が整列して、神社の階段を上がっていく。もともとは境内の南低地の海岸に鎮座していたが、明治三年、ほかの神社の祭神を合祀の上、現在地の高台に遷座《せんざ》した。現在は国道二六〇号線が海辺を走っているため、境内と海は分断されているが、以前は波が打ち寄せる海岸続きの神社だったのであろう。

うっそうと茂る神社の樹叢《じゅそう》は、ツゲモチなどの十三種類の暖地性広葉樹が見られ、昭和十一年に三重県の天然記念物指定になっている。その樹叢が途切れる一角に、賽銭箱が置かれていた。そこからは、英虞湾口《あごわんこう》へ続く海の向こうに御座岬《ござみさき》が見える。神社の宮司は、おそらく御座岬に祀られている金刀比羅宮《ことひらぐう》を遥《よう》拝《はい》するのではないかという。船人に「金毘羅《こんぴら》さん」と崇敬される金比羅宮である。そのせいか、宇氣比神社の祭神には、金刀比羅宮ゆかりの崇徳《すとく》天皇が神名を連ねる。「板子《いたこ》一枚下は地獄」という漁を生業とする人々の崇敬心は、強いものがある。

本殿で祭典が始まった。

宮司は平成二十四年から横山比乃さんが引き継いだ。父親がこの神社の宮司を長く務めており、子どもの頃から舞姫をしたり、授与所で手伝いをしたりしてきた。神前に供えられるのは神社祭式の大祭用の神饌《しんせん》だ。洗米《せんまい》、餅、清酒、鯛、海菜、季節の野菜、果物、塩、水など。盤の魚で調理するボラ二尾と包丁は、折櫃《おりひつ》に納めて供えられている。

祝詞《のりと》を神妙な顔つきで聞いているのは、射手の少年たち。浜島中学校二年の男子二名だ。昨年十二月末に打診され、今年一月五日正式な使いが来ると奉告祭を行い、毎日神社下の御田《みた》の浜の土手で弓の稽古を重ねてきた。今朝は大矢浜《おおやはま》で禊《みそぎ》を行い、両親と共に安全祈願祭を奉った後、一旦自宅に戻り、神社の神紋である「丸に鳩八」が付いた裃《かみしも》に着替え、そして、神社で関係者一同と会食した。その際は魚入りの五目御飯が習わしだ。かつてはサンマが入っていた。

射手の両親は礼服と訪問着という正装で参列している。射手は浜島の漁業が盛んで子どもが大勢いた頃は、両親が浜島出身で、しかも漁師の家の長男に限られていた。里地区と大矢浜地区からそれぞれ一人が選ばれたが、少子化の今はそういうわけにもいかなくなった。大変名誉なことだが、畏れ多いと辞退する家もあるという。両親の様子から、息子が晴れの舞台を務める緊張感がこちらにも伝わってくる。

祝詞を奏上する宮司も後でこう語っている。

「浜島にとって今年の漁を占う大事な神事ですから、何かあってはいけないと神経を使います。年末の射手を選ぶ頃から眠れなくなるほどですよ」

一年の漁の出来を占う神事に関わる責任の重さ、しかし宮司も、射手も、その両親も懸命に役目を果たそうとしている。

そして、もう一人、「盤の魚」の盤魚所役を務める井上家もそうであった。この日は代理人が務めたが、辞退したのは井上家の叔母の病状が危うい状態だったからという。以前は娘の十九の厄の時にも辞退した。それほど、穢れを嫌うお役目であるようだ。

宝船仕立ての鯔

祭典が終わると、神社下の御田の浜はすでに四方に忌竹《いみだけ》を刺し立てて紙垂《しで》をつけた縄を引き回し、敷物が広げられている。その中央にまな板が置かれて準備が整っていた。射手をはじめ、祭典に参列した人々が席に着く。ここには神職は座らず、まな板の正面には以前、浜島漁業組合の組合長が座った。今は漁協が合併し、三重外湾《がいわん》漁協組合理事が座る。弓引きの射手のほかは漁師たちだ。つまり、神社のお祭りではなく、地域の漁業従事者に向けての儀式で、そのトップが最も良い席に座るのである。残念なのは、以前は参加する人々の席を二重に作ったというが、今は三十人ほどで、一重で足りてしまうのである。それだけ漁師が減ったということである。

井上家の代理人、神社総代が裃姿で座る。まずは、真名箸と包丁を使い、半紙二枚を器用に折っていく。一枚はボラの枕に、もう一枚は形式的に包丁研《と》ぎに用いる。

そして、いよいよボラ本体に取り掛かる。五十センチはあろうかという大きなボラを身体の正面に据える。頭を取り、身を三枚に下ろす。さらに包丁でずぶずぶと切身にしていく。皮付きだが、うろこは取り、はらわたは口から抜いているという。そして、下した切身を今度は元の魚の形に置いていく。最後に尾を立てれば「宝船」のできあがりだ。時間にして二十分ほどだろうか。宝船仕立てが完成すると、敷物に座る一同から拍手が湧きおこった。包丁人はほっとした顔をして、頭を半紙で包み、懐に納めた。

こうした切り方を見せることを包丁式《ほうちょうしき》といい、鎌倉時代に成立した説話集の『古今著聞集《ここんちょもんじゅう》』には、崇徳《すとく》天皇の前で鯉を調理した藤原家成という公家の見事な包丁さばきに皆が見入った記述があるほど。期せずして、神社の祭神は崇徳天皇である。包丁さばきの技は客に対する接待の一つでもあり、「盤の魚」は、これから弓引きの大舞台に臨む人々をもてなすために行われるのだ。大漁祈願にふさわしい、宝船に見立てられたボラだ。

日本料理の研究者は、「海外から影響を受けずに日本独自のものと考えられるのは〝切る〟とい

代役の神社総代の松尾さんがまず半紙二枚を折る

手をふれずにボラの身を切身にしていく

豊漁の願いを込めて宝船仕立てに

う技法であり、刺身こそがその代表例」という。今では当たり前のように思う刺身は、じつは生魚を〝切る〟という特別な技術を必要とするものだった。包丁という言葉も、もともと庖（台所）の丁（役人）で、料理人という意味だったのが、料理の技術に転じ、さらに料理人が使う小刀を包丁刀と呼ぶようになる。それが今は包丁刀を略して包丁となる。道具ではなく、本来は料理のこと、それを扱う人を称していた。

こうした客人の前で料理を作るのを包丁とか包丁式といった。四条流、大草流などの流儀がある。古代の朝廷には、膳部《かしわで》といって、朝廷や天皇の食事を用意することを仕事としている人々がいた。そこに平安時代になると、高い身分の人々のなかに料理をする者がでてくる。熊倉功夫静岡文化芸術大学長は『日本料理の歴史』（吉川弘文館、二〇〇七年）で、包丁の伝統は九世紀の山陰が包丁式を定め、十世紀にはのちに流派となる包丁の家を生むような特定の料理についての約束事が生まれてきたことと書いている。

「包丁の扱い、献立、料理の盛り方、ならべ方のみならず、料理の食べ方に至るまで、ルールに従った料理が完成する。その完成が、同時に包丁の家＝流儀の成立であったといえる」

浜島の井上家は、包丁の家であったため、代々この行事で包丁式を見せてきたことになる。今度は後ろに控えていた白衣の魚見役《うおみやく》がまな板の前に座り、もう一尾のボラに取り掛かる。こちらは細かく刻み、なますとして和《あ》える。これを列席した人々に配る。席では御神酒が回される。中学生の射手にも盃が回ってくるが、「恰好だけや。学校の先生もおいでる」と世話役が笑う。

この「盤の魚」には、神社の宮司は列席しない。盤魚所役を代々務めてきた井上家の井上茂さん

伴大家33代目 井上 茂氏（濱島造船有限会社会長）

昭和8年7月5日生まれ　83歳

●浜島の由来について

（井上家に伝わる話として、「観心院 大津義公大居士」の木札を見せてもらう）

浜島は、900年前に源氏に追われて逃げてきた平家の8人が、城山に井戸を掘って暮らしたのが始まり。海から来たのかな。浜島の港はコノシロという魚がよく採れました。平家落人としてやってきた8人が始まりですから、マルハチのマークがあり、八王子神社になったのです。神社だけでなく、極楽寺も建てました。盆の15日、寺では初盆の供養の前に40分くらいこの8人用のお経を上げます。このあたりは原生林のため、上陸しやすかった城山に住んだのだと思います。宿り島から上陸したのかも。足利尊氏に追われ、近江八幡に逃れて2年ばかり住み、ここ浜島の宇氣比神社あたりに移ってきたと私は考えています。

●盤の魚について

屋号は伴三屋《ばんぞや》です。親父が早死にし、おじいさんが伴造屋に変えました。

いつの頃か、伴を盤の漢字に変えました。伴三屋の魚なので、「ばんのうお」ですな。ボラ2匹は浜島の「なつかし浦」で採れたもの。ボラは出世魚のため、12回名前が変わり、出世する縁起のいい魚です。これを漁師らに食べてもらって、コノシロを採ってきてもらう。

包丁式の技術はおじいさんから教わりました。頭を取り、うろこはむいてある。はらわたは口から抜いたもの。これを料理人が細かく切ります。これが包丁式。漁師たちに食べさせるのです。

包丁式のときには井上家の桔梗紋が付いた裃を着ます。骨を真ん中に置き、身を3つに切る。頭は立てる。尾、頭は組合長、前市長に持って帰ってもらった。半紙は1枚はボラの枕にして、もう一枚は出刃ふきにします。鉢には水が入れてあり、とぎ石もおいてある。私は12歳から52歳くらいまで包丁式を行った。難しいよ。普通の料理と違って、神に捧げるつもりでしているので。これはおじいさんから「見とれ」と教わりました。包丁の持ち方、箸の持ち方が難しいんです。今年は50cmのステンレスの長箸。大きい方がやりやすい。尾が立つからね。宝船に仕立てるのですが、うまくいくと漁がよくなるといいます。切り身は皆、お礼してから。皆にくばるために2匹さばきます。井上家も神棚に上げて、親戚中に6、7軒に分ける。弓引き・盤の魚は、正月行事。そして、なます、小豆のご飯。終わるとほっとします。もう今はボラは食べませんな。このときだけ。

によると、

「おそらく城山《しろやま》（浜島城）の殿さんが正面に座り、包丁式を見ていたんでしょうな。盤の魚も以前はうちの屋号の伴三屋《ばんぞや》（のちに伴造屋）にちなみ、伴《ばん》の魚でした。それが先代の宮司の時代（昭和）に盤に変わったのです。浜島はコノシロの楯網漁《たてあみ》が盛んで、出世魚のボラを漁師に食べてもらい、出世するようにとね、コノシロをたくさん採ってきてほしいという願いです。なにせボラは十二回も名前が変わる出世魚ですからね」

井上さんは父親が早くに亡くなったため、小学六年、十二歳から祖父に教わり、盤魚所役を五十二歳まで務めた。祖父からは「見とれ」と言われ、真名箸《まなはし》や包丁の使い方を教わった。あくまで神事なので、心を込めてやっていると何度もおっしゃる。現在は長男の伴大《ばんだい》さんが務める。

もやい膳にみる漁村の絆

横山宮司は、この盤の魚では、二人に一つの膳が出される「もやい膳」に注目している。「もやい」は、共同、共有などを意味する言葉で、とくに共同で労働をし、その利益も労力に応じて平等に分配することを指す。共同労働には「結《ゆい》」や「手伝い」もあるが、漁村では、村民が各戸より出漁し、漁獲物を頭割りで平等に分配する「もやい」の形式が見られる。

御膳には短い箸に、なますを盛る小皿、お神酒を受ける盃が二つずつ置かれる。漁師が主体の行事には、その団結を図る象徴として「もやい膳」を出していたのだろう。ボラの切身は配られるが、その場で食べることはなく、列席者は懐に入れて自宅に持ち帰り、それぞれの神棚に供えられる。井上家でも自宅だけでなく、親戚七軒に配り、分配するのだという。

その後、弓引きが始まった。二人の射手が大的、小的を二本ずつ、三回射る。

面白いのは、小的のど真ん中に当たるといけないということ。的中《てきちゅう》すると、「祝い直し」といって翌日引き直すのが習わしだ。良すぎてもいけないということか、以前、的中したときに漁船が遭難したことがあったので、ゲン担ぎなのか。最後は大矢浜地区の射手が、御座岬の黒森《くろもり》に向かって射る。魔を祓うという。

2人の一つの膳が出されるもやい膳

浜島中学2年の2名による宇氣比神社の弓引き

弓引きが終わると、社務所二階で直会《なおらい》が行われる。今は弁当だが、以前は、白米に小豆のご飯、ざざ（小さな鯛）の煮付け、なます（大根と干柿、人参、ボラ）であった。

宇氣比神社は平成二十八年に遷座され、社殿が新しくなった。浜島には大型の遠洋カツオ船はなくなってしまったが、それでも小型船が近年にないほど豊漁であったという。

「神は人の敬《けい》によりて威《い》を増し、人は神の徳によりてその運に添ふ」という鎌倉時代の法典『御成敗式目《ごせいばいしきもく》』の言葉を思い出した。いかなる神も人の敬を受けてこそ、そのご神威を輝かし、人はそのご神威によって、運に添うことができるというもの。ご神威を高めるのは人々の敬の力なのである。

第三章

海藻

日本の海には魚介類だけでなく、世界で最も多様な海藻が育つ。その数千四百種類。南北に黒潮と親潮という「暖」と「寒」の二大海流が沿岸を流れるためだ。日本人は古くから浜に打ち寄せられる海藻を食し、また海辺からは朝廷へ税としても献上してきた。伊勢神宮の祭典にも海藻は供えられる。

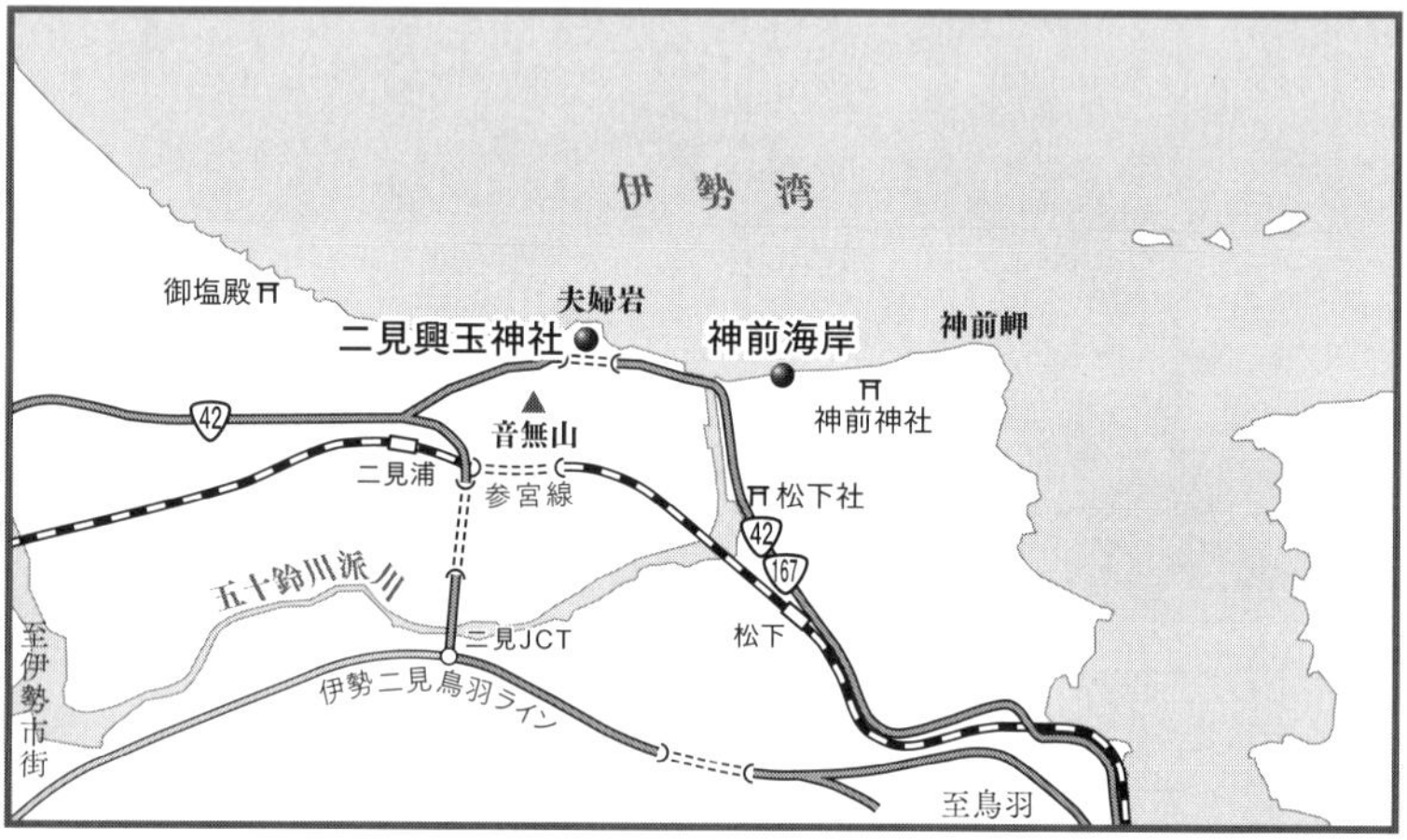

●神前海岸
住所：三重県伊勢市二見町松下
電話：0596-43-2331（二見浦観光案内所）
アクセス：夫婦岩東口バス停から徒歩5分

●二見興玉神社
住所：三重県伊勢市二見町江575
電話：0596-43-2020
アクセス：JR参宮線二見浦駅から徒歩約15分
伊勢二見鳥羽ライン二見JCJから車で約3分

海藻と海女

海に、もう一つの森がある。

八十歳を超す鳥羽の海女は、海中には岩だけでなく、丘や谷があり、そこに海藻の森が揺らいでいると教えてくれた。海藻は海女が狙うアワビの大切な餌になる一方、足にからまると溺れて死に至る原因になることもあるという。

日本の海には千四百種類もの海藻が生育する。しかし、陸上で暮らす私たちにとって海中の豊かな森の生態はあまりわからない。もっぱら食卓にのぼるワカメ、コンブ、ヒジキ、ノリ、アオサ、アラメ…くらいしか思い浮かばない。

鳥羽の海女を取材した帰りしな、もらったのが、分厚く弾力に富んだ茶色の海藻だった。海藻は薄っぺらくて、柔らかいものと思い込んでいた。

「メカブ。浜に揚がっとったから。ちょっと湯がいて、刻んで食べるとおいしいよ」

これがメカブ、か。これまで食べてきたパック入りとは全く違う。海女に言われた通り、茹でるとぱっと鮮やかな緑色に変わり、刻むとトロトロとした粘りが出た。漁村では浜に食材が揚がるのだ。おそらく太古の昔からそうだったに違いない。海が荒れた後、浜には岩から茎ごとちぎれた海藻が波で打ち寄せられ、人々はそれを拾い、生でまたは天日で乾かし、食材としてきた。

奈良時代、海から離れた大和(奈良県)の朝廷は、海藻を税として海辺から献上させた。古代の法典『大宝律令《たいほうりつりょう》』(七〇一年)、それに続く『養老律令《ようろう》』(七一八年)には、七種の海藻が調《ちょう》として載る。ムラサキノリ、ニギメ、アラメ、ミル、コルモハ、マナカシ、カジメだ。ほかに雑海藻という項目にあるマナカシはメカブのこと、メカブは古代すでに朝廷にも献上されていた。

都はまた海から離れた京都にうつる。平安時代初めの法典『延喜式《えんぎしき》』（十世紀）には、さらにトサカノリ、ツノマタノリ、フノリ、アオノリ、オコノリ、ホンダワラ、イギス、ヒロメを加え、献上される海藻は増えている。海から遠い分、海で採れるものへの憧れは膨らむのか、現代の私たちより多品種の海藻を都の人々は口にしていた。

昭和四十二年、平城京《へいじょうきょう》跡（奈良県）から出土した木簡《もっかん》は、地方から運ばれた税の荷札であった。そこには現在の鳥羽市や志摩市を含む志摩国からのものもあった。タイやカツオなどの魚介や塩とともに、海藻類も十一種類がわかっている。ミル、メ、マナカシ、アラメのほか、ナテメ、ナシモなど知らない名の海藻も都へ運び込まれていたのだ。

こうした海藻は神前にも供えられた。海藻を採る祭りが、九州から出雲にかけて残る。古代、海に入って貝や海藻などを採った海人《あま》族との関わりが指摘される。

旧暦の元旦、深夜の干潮時に行われる和布刈《めかり》神事が、福岡県北九州市門司《もじ》区の和布刈神社と門司海峡をはさむ山口県下関市の住吉神社で行われる。神職が松明の灯をたよりに、神社前の真っ暗な海に入り、ワカメを刈り取り、神前に供える。古くはこの神事をのぞき見すると神の怒りにふれると信じられ、秘儀とされてきた（住吉神社は現在も秘儀）。和銅三年（七一〇）に和布刈神社の和布刈神事のワカメを朝廷に献上したことが記録に見られ、古くからの神事が連綿と続き、新年の予祝《よしゅく》行事（豊穣を願い、あらかじめ模擬実演をする）として重んじてこられてきたことがわかる。

また、旧暦一月五日には島根県出雲市の日御碕《ひのみさき》神社では、近くの権現島《ごんげんしま》で刈り取ったワカメを神前に供え、豊漁を祈願する。ウミネコがこの神社の欄干《らんかん》に海藻を三度掛けて飛び去ったことから、神主が不思議に思い、水洗いして乾かすとワカメになったという故事に由来する。「日御碕わかめ」は、この神事が終わってから初めて刈り取るのがしきたりという。

北海道西部から九州まで日本沿岸に広く分布する一年生の海藻・ワカメは、冬から春に盛んに生育し、春から初夏に基部付近に耳状の胞子葉（メカブ）をつくる。夏には枯れて流失してしまうため、新年の生命力にあふれるこの時期、ワカメ漁の口開《くちあ》けとして神事を行う。

伊勢神宮と海藻

伊勢志摩地方で刈り取った海藻は伊勢神宮への供え物にもされた。

伊勢神宮では、贄海《にえうみ》神事という祭典が明治以前まで行われていた。『皇太神宮年中行事《こうたいじんぐうねんちゅうぎょうじ》』（一四六四年）によれば、六月十六日の内宮の月次祭《つきなみさい》前に、禰宜《ねぎ》らが未明に内宮斎館《さいかん》を出発し、鹿海《かのみ》から船で五十鈴川を下り、二見の神前海岸《こうざきかいがん》に上陸。そこで禊《みそぎ》をして浦々や島々で神をまつり、潮が引くのを待って、御饌嶋《みけじま》に渡り、荒蠣《かき》七ケ、醒《せい》（貝の一種）七ケ、海松《みる》七房の三種類の贄を採取する。その後、禰宜自らが苞《つと》に入れ、内宮内の由貴殿《ゆきでん》の巽《たつみ》軒にかけ、夜、月次祭の大御饌の儀で、神前に供えた。禰宜が自ら海辺で採取した貝や海藻を供えていたのである。

現在、御贄神事は途絶えてしまったが、六月月次祭《つきなみさい》に供える約三十品目には、ムラサキノリ、ミルの二種類の海藻が含まれる。

また、『皇太神宮諸雑事記《しょぞうじき》』の延長五年（九二七）九月には伊勢神宮の別宮、伊雑宮《いざわのみや》（志摩市磯部町）の神嘗祭《かんなめさい》に、志摩国司がアラメ、ミル、ニギメなどの海藻を納めていることが記される。

また、鳥羽市国崎《くざき》町では、五月の晦日《みそか》に、アラメを刈り取る「荒布《あらめ》神事」が行われた。ここは古代からアワビを伊勢神宮に献納してきた海辺で、現在も生アワビをのしアワビに加工する神宮鰒《じんぐうあわび》調製所《ちょうせいしょ》がある。アラメは大切な神宮の御料《ごりょう》であるアワビのエサとなるため、六月一日に海女がみかずき浜でアワビを採る御潜《みかずき》神事までは刈り取りが禁止となっていた。

こうした神事はすでに行われていないが、神前海岸《こうざき》では現在も「神前普請《ぶしん》」といわれる行事が地元の松下地区の人々により続き、そこに海藻が出されている。

神前普請

旧暦六月一日頃　神前神社潜島（伊勢市二見町松下）

神前《こうざき》は、二見浦の南端、五十鈴川派川《はせん》河口にあたる。伊勢神宮の摂社《せっしゃ》である神前神社が鎮まる地で、伊勢湾の波が打ち寄せる浜と崖が続く。そこで毎年旧暦六月一日頃、松下地区の男性が集まり、新しい注連縄《しめなわ》を作り、潜島《くぐりしま》に掛けにいく。潜島は島ではなく、潮流や波などによって浸食してできた洞穴、海食洞《かいしょくどう》という。そこへは潮がよく引く大潮の干潮時でないとたどりつくことができず、今なお旧暦による日程が続いている。旧六月一日頃は、新月で、大潮にあたる。

平成二十九年は五月に閏月《うるうづき》が入った（五月が二度ある）ため、旧暦六月一日はいつもより一カ月ほど遅く、神前普請はその前日の七月二十三日に行われた。朝九時、神前海岸へ行くと、浜に男性十五人ほどが集まり、稲わらを少しずつ手で束ねてはからげ、細い稲束を作っていた。区長の池村功さんが迎えてくれる。

伊勢湾に面した神前海岸

神前海岸で注連縄を編む

「神前普請《こうざきぶしん》は旧暦六月一日までの、潮の引きの良い日に行い、一戸に一人出てくるのが原則です。皆、わらを二束ずつ持ってきます」

まずは各自が家族の家内安全のために小さな茅《ち》の輪を作る。

「家族の人数分を作る。孫の分も、もちろん作るよ」

稲わらは地区で昨年収穫されたもの。浜に打ち揚げられた流木で時折、稲わらを叩き、ほぐす。自然のものをうまく利用している。

そして、その細い稲束を用いて、

2種類のアラメ。写真左が酢の味付け、右があま味付け

中食にアラメを食べるのが習わし

長い注連縄を作るのだ。稲束を少しずつ差し込みながら三人がかりで、時計回りにねじっていく。そうして十メートルほどの注連縄ができていく。なかなかの力仕事だが、地区の青年団、松栄会《しょうえいかい》のメンバーが古老とともに汗を流す。

　近くに見えるのが、贄海《にえうみ》神事で神職らが魚介類を採集した「祓島《はらえじま》」と教えてもらう。「御饌嶋《みけじま》」ともいうが、地元では「祓島」と呼ぶようだ。『神都名勝誌』の絵図では装束をつけた神職らが島に上陸し、海の物を採っている姿が描かれているが、眼前にすると想像以上に大きな岩だ。いかにも貝類が生息しそうな岩場である。

　作業をする浜は小井戸口《こいどぐち》の浜という。現在、神前岬の山上に鎮座する神前神社がかつてこの浜にあったと古老が教えてくれる。それにしても神前海岸は広い浜だ。地元では「長瀬《ながせ》の浜」と呼ばれていると聞く。一般にはうかがいしれない浜の豊かさを感じた。注連縄を作った後は、区長の声がけで、ひとやすみ（中食）となる。

　ここで、地元の婦人会が作ったアラメのあま味付けと酢の味付けのものがそれぞれ一桶ごとに出される。それぞれが持参したオニギリやお弁当のおかずになるのだ。あま味付けは、砂糖や醤油で炊いたもの、酢の味付けはゴマでたっぷりと和えてあり、どうぞと促されいただくと、どちらもおいしかった。

なぜアラメなのかと古老に聞いても、答えはなかった。

海藻の豊かな伊勢志摩地方の海辺では春先のワカメから始まり、夏の暑い時期はアラメを採る。アラメは三重県が全国一位の生産量を誇るが、一般的にはあまり知られていない海藻でもある。コンブの仲間で、ワカメ（若布・和布）に比べて、表面にしわが多いため、荒布と書くのもうなずける。海中に藻場《もば》を形成し、アワビやサザエの重要なエサでもある。鳥羽の離島では、このアラメでイワシなどを巻き、煮たアラメ巻が郷土料理となっている。

ただ松下地区ではアラメは採れず、日々の食事で食べることは少ない。この行事で、特別に食べるものと参加者が口々に言った。物忌食《ものいみ》と呼ばれる、祭りのときだけに食すものである。伊勢神宮ではアラメを神前に供えるため、それにあやかって奉仕の行事である神前普請で出されるようになったとも考えられる。

蘇民将来の伝承が残る地

潮が引いたころを見計らって、注連縄を担ぎ、岩場の海岸線をたどる。今では神宮の祭典がなくなり、道普請（みちづくり）をすることはないが、足場が想像以上に悪いため、これなら神職が通

家族の人数分の輪じめを納める

潜島に注連縄をかけ、皆で拝む

る道を作らなくてはならないことを実感する。

潜島は、岬の突き出た崖にぽっかりと穴が開いていた。穴から向こう側の海岸線が見える。干潮で潮が引いているため、たやすく来れたが、崖に穴が開くほどの波がこの海岸には打ち寄せるのだ。

この海岸は、かつて池の浦に鎮座する伊勢神宮の摂社・粟皇子《あわみこ》神社へ行く筋にあたったという。陸路やまた海の難所といわれる神前の海より、海岸伝いに歩くのが最もよい方法だったのだろう。潜島は、その粟皇子神社の遥拝所《ようはいじょ》であるともいわれる。

地区の人々は、潜島に二本の注連縄を張る。年に三度注連縄を張り替える夫婦岩は川をはさんだ向こう側。この海辺では岩を神聖視し、注連縄を張ってきたのか。かつては、稲わらを奉納する人が多く、注連縄は今よりも多い本数であったという。

注連縄を張り終わると、お神酒をかける。それまで軽口を言い合っていた人々は、急に神妙になり、帽子や手ぬぐいを取り、柏手を叩き、頭を垂れた。二礼二拍手が習わしのようだ。そこには、地区の人々の大いなるものへの慎みが感じられた。

道普請ではなく、松下地区の人々は潜島に来て、注連縄を張り、家族分の茅の輪を奉納し、家内安全を祈願する。

最初はここが太陽信仰と関係した地なのかと考えていたが、どちらかというと松下地区に伝わる蘇民将来《そみんしょうらい》の伝承が根強いのではないか。

京都の祇園祭《ぎおんまつり》をはじめとして、全国に蘇民将来の伝説が残る。松下には素戔嗚尊《すさのおのみこと》をご祭神とする松下社があり、地区は氏子となっている。ここでは、暴風雨にあった素戔嗚尊が一夜の宿を求めたところ、兄のお金持ちの巨旦《こたん》は断り、弟の貧しい蘇民は粟飯を出してもてなした。以来、疫病除けになるからと、蘇民将来の子孫の家門であると注連縄の門符《かどふ》に記すとよいとされ、伊勢志摩地方は松の内が過ぎても注連縄を外すことはなく、玄関に飾っておくのが風習となっている。

松下地区では、十二月十一日は門符頒布始祭《はんぷはじめさい》を行い、この日から「蘇民将来子孫家門」と記された門符（松下では桃符《ももふ》という）付注連縄が配られる。

六月晦日の茅の輪くぐりも、蘇民将来の伝説に由来するといわれるが、ここでは六月一日にその茅の輪を潜島に納めていたのかもしれない。「松下区畑野文書」のコピーには、「御贄ノ神事ハ廃セシモ今尚旧六月十五日ハ潜島へ参詣人多シ」とある。古老も子どものころは、神前の堤防の上に「本日《ほんび》の十五日は店が出ていて、大勢がお参りにきていた」と話していた。

氏神である松下社ではなく、松下地区の人々が注連縄を潜島に毎年かけるのは、村の結界を表し、悪しきものが入ってこないようにするのだろうか。それが海辺なら、海の玄関口にも注連縄をかけたに違いない。

ほかにも、同じ二見町の夫婦岩の二つの岩に注連縄を張る行事は年に三度(五月・九月・十二月)、熊野灘に面した熊野市有馬の花の窟《いわや》神社のお綱かけ神事は、年に二度(二月・十月)、高さ七十メートルもの御神体の大岩に綱をかける。

地区のハナ(先端部)に、注連縄を張る信仰がうかがえる。

藻刈神事

五月二十一日　二見興玉神社(伊勢市二見町)

古来の海藻神事は、三重県にはないが、毎年五月二十一日に伊勢市二見町の二見興玉《おきたま》神社で行われる藻刈《もかり》神事は、海草を刈り取ることを神事としている。

古くからお伊勢参りの禊《みそぎ》の浜として「清渚《きよきなぎさ》」と呼ばれてきた二見浦。夫婦岩として知られる、大小二つの岩が仲良く並ぶ。一年で最も昼間の長い夏至の頃、この二つの岩の間から朝日が昇る。おそらく太古の太陽信仰の地ではないかと考えられ、人々はここで朝日を拝んできたのだろう。一般的には二見ヶ浦ともいうが、地元では二見浦と呼び慣わしている。

夫婦岩を臨む神社の本殿で祭典を執り行った後、神職たちが氏子地域にあたる江《え》地区の船着き場から注連縄を張り巡らせた船に乗り込む。神社では艤装《ぎそう》船と呼ぶという。報道船で海に出ると、波も穏やかで、夫婦岩も普段とは異なり、後ろ側が見える。若葉青葉に覆われた神社裏手に横たわる音無山《おとなしやま》が思いのほか、存在感がある。乗船している江の漁船は、神事に向かうわけだが、この音無山にある大江寺《たいこうじ》の「澳玉祭禮《おきたまさいれい》」と記された旗をつけている。二見興玉神社によれば「澳玉」の表記はこの時だけで珍しいという。沿岸で漁業をする人々にとって、海辺にそびえる音無山は目印であり、信仰の対象でもある。

艤装船はこの夫婦岩から沖合七百七十メートルの海中に鎮まる興玉神石《おきたましんせき》のあたりで止まる。

神職を乗せた藻刈の船。先頭が宮司

興玉神石は社伝によれば、太古、天照大神《あまてらすおおみかみ》を奉じた倭姫命《やまとひめのみこと》が船を止めた巨岩で、安政元年（一八五四）の大地震で海中に沈んだとされている。つまり聖なる岩にあたる。報道船から海中をのぞいても、巨岩を見ることはできなかった。

神事では、この巨岩に生えた海草（アマモ）を宮司が柄の長い手鎌で刈り取る。波に揺られた船で行われる雅やかな神事を拝見すると、タイムスリップしたような気分になった。

下船後、手桶に納めたアマモを見せてもらうと、濃緑色の細長いリボン状の葉で、長さは五十〜百センチになるという。ひらひらと海中で潮になびいている様から、ロマンチックな和名を持つ。「龍宮の乙姫の元結《もとゆい》の切り外し」。植物和名として最も長い名は、龍宮の乙姫の長い髪がほどけた姿を想像したのだろうか。

このアマモは海藻とは区別され、海草《うみくさ》という。陸上植物と同じように花を咲かせ、実がなる種子植物だ。藻とは、水中に生ずる藻類・海草・水草などの総称だが、その生態を知ると興味深い。海草は一度海から陸に上がった植物が再び海に戻った仲間。おもに干《ひ》潟《がた》や沿岸の浅海域に「アマモ場」という藻場《もば》を作り、さまざまな生物の幼生《ようせい》が生息する場である。しかし、明治以降は埋め立てやすかったため、次々に「アマモ場」は姿を消していったという。春三月から五、六月に花をつける。生殖時期が過ぎると葉が少なくなるため、藻刈神事のころはちょうど葉がふさふさとしている時期にあたる。

刈り取られたアマモは神社の神前に供えた後、一カ月ほど天日《てんぴ》に干し、祓具《はらえぐ》や「無垢塩草《むくしおくさ》」として御守りになる。

藻刈神事で刈り取られたアマモ

濃緑色をしたアマモ

「無垢塩草」は、お風呂に入れて身を清めたり、お伊勢参りの際に懐に入れたりするという。伊勢市高向《たかぶく》の「御頭神事《おかしら》」（国重要無形文化財）で獅子舞をする舞手は、この無垢塩草を懐に入れて舞いに臨むとも聞いた。

また、伊勢神宮の二十年に一度の式年遷宮の行事「御木曳《おきひき》」や「御白石持《おしらいしもち》」では、行事前に当日に着る半被を身につけ、集団でこの二見興玉神社に「浜参宮」をする習わしがある。神への奉仕の前に身を清めるためで、本殿で、アマモを干した祓具で祓いをしてもらう。

いずれも清らかな海辺や、その海で育まれた海草による清浄性によって、身を祓い清めるという信仰からきていると考えられる。

郷中施

旧暦五月十五日　二見興玉神社龍宮社（伊勢市二見町）

旧暦五月十五日、二見浦の海辺で行われる「郷中施《ごじゅうせ》」という行事がある。

今から二百年以上前の寛政四年（一七九二）五月十五日にこの地域を襲った大津波による災害の教訓を伝えるというもの。現在、二見興玉神社の境内社となっている龍宮社《りゅうぐうしゃ》は、津波の犠牲者の追悼と郷中（村中）安全などを祈り、江《え》地区の五十鈴《いすず》川河口（現在は派川）に祀ったのが始まりといわれ、昭和十三年に現在地に遷座した。

供物をのせた郷中施の小舟

龍宮社下の浜で小舟を流す

旧暦のこの日、神前に海にキュウリ、ミル、まつ菜などを供えた「まきわら船」を置き、祭典を行う。それが終わるとすぐ下の浜に運び、「まきわら船」を流す。「津波を急に（キュウリ）見るな（ミル）、待つな（マツナ）」という先人の教えを語呂合わせにして、供物にしているという。文書ではなく、なじみのある野菜や海藻ならば、文字が読めなくても、老若男女にまんべんなく伝わるという考えなのだろう。そこに陸上のものだけでなく、海藻も選ばれているのは、やはり手に入りやすい漁村であるからに違いない。

参列した江地区や茶屋《ちゃや》地区の人々は龍宮社に参拝し、その後、組ごとに食事をするのが習わしだ。大津波では難を逃れたのは地区でかろうじて五、六軒で、そんな中、村人たちは助け合い、郷中《ごうちゅう》（村中）施《ほどこ》し合って、水難から立ち直ったことから、この「郷中施《ごじゅうせ》」の名がある。この日、江地区では「ひまち」といって海や田畑へは仕事に出ず、組の当番の家に集まり、お供え物を盆にのせて一同竜宮社に参拝するのが習わしとなっている。海辺の町にしっかりと根付いた連帯とともに、未来に残しておきたい行事である。

第四章

特殊神饌

神に捧げる神饌《しんせん》は、かつてはそれぞれの神社で独自のものであった。

おそらく海辺では、漁師や海女が水揚した魚介類が主であっただろうし、山里では獣類の肉や木の実などたやすく手に入るものであっただろう。自分たちが調達できる食材を用い、食べやすく加熱調理したご馳走、それが神饌だった。

明治時代、神道を国家の柱に据えた政策になり、祭式の統一化がなされ、神饌も、生のまま供える「生饌《せいせん》」が主体となり、一変した。しかし、以前のままの神饌を供え続ける神社もある。

その名も「怠《おこた》ルコトナシ」と呼ばれる神饌である。

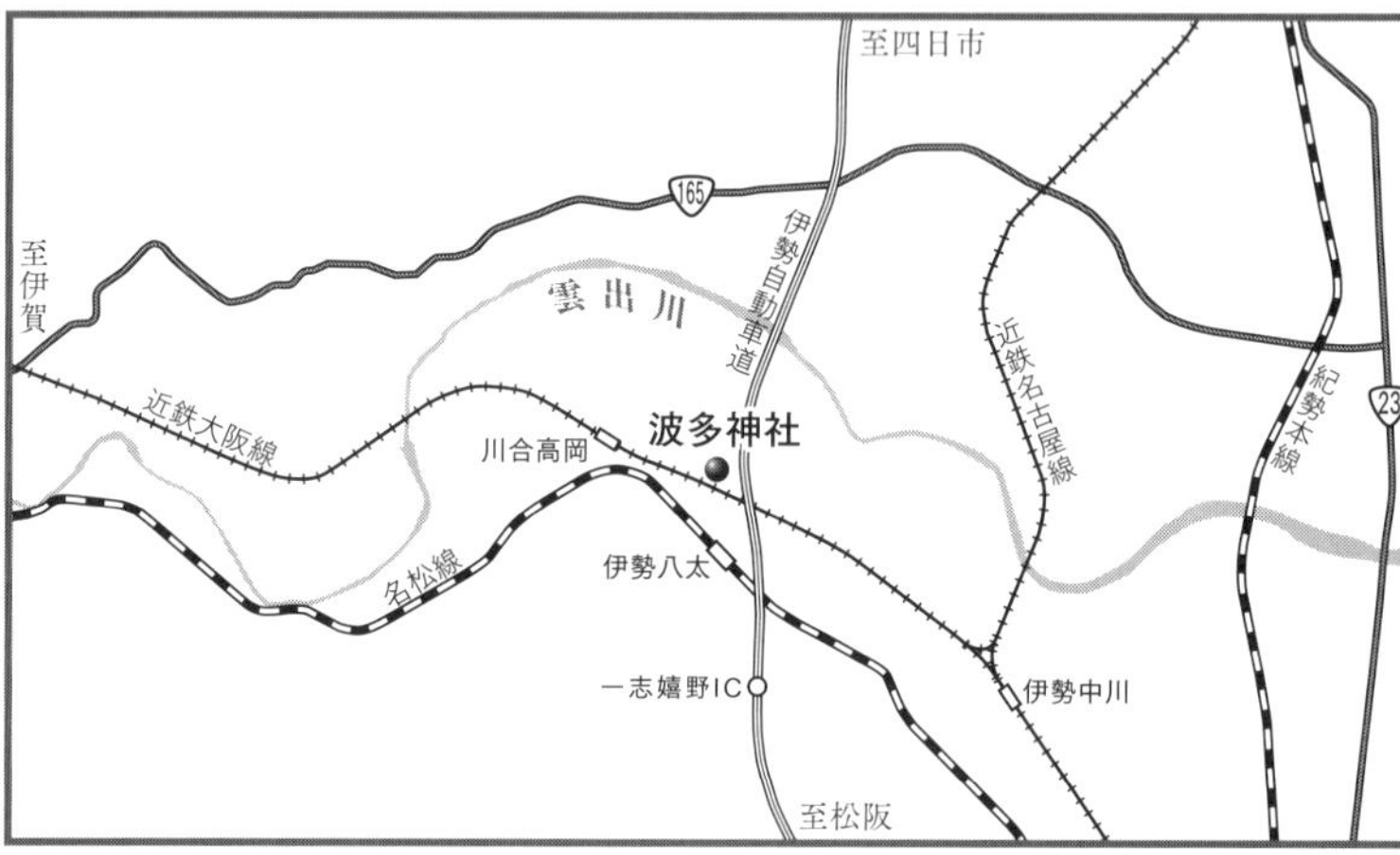

●波多神社
住所：三重県津市一志町八太 1187
電話：090-1479-5565
アクセス：近鉄川合高岡駅。JR 名松線伊勢八太駅から徒歩 15 分
伊勢自動車道一志嬉野 IC から 5 分

波《は》多《た》神社

二月十九日（津市一志町八《は》太）

波瀬川右岸にある神社

伊勢平野の中部を流れ、伊勢湾へ注ぐ雲出川《くもずかわ》。その中・下流域は一志米《いちしまい》の産地となっている。この川が形成した台地や平野部は古くから開かれ、古墳時代前期（四世紀頃）の前方後円墳《ぜんぽうこうえんふん》や古代寺院が多く築かれた地であった。のどかに見える田園地帯は、実に豊かな歴史を刻んでいたのだった。

伊勢国壱志郡《いちしぐん》の式内社《しきないしゃ》十三座の一つ、波多神社。式内社とは、平安時代の法令集『延喜式神名帳《えんぎしきじんみょうちょう》』にその名が掲載された神社をいう。『延喜式』は延喜五年（九〇五）から編集され、二十二年後に完成した。その巻九、十が神名帳と呼ばれ、全国の神社が当時の国や郡ごとに記されたものだ。すでに千年前から、朝廷が認めた神社といえる。雲出川に注ぐ支流、波瀬川《はぜがわ》が大きく右へ蛇行《だこう》した右岸にひっそりと鎮まる波《は》多《た》神社は、その由緒ある式内社にあたるのである。

波瀬川は、奈良県境の矢頭山《やずさん》（標高七三一ｍ）を水源とし、くねくねと蛇行しながら伊勢平野を東に流れる。その流域には肥沃《ひよく》な沖積低地《ちゅうせきていち》が形づくられ、今なお米作りが盛んである。『勢陽五鈴遺響《せいようごれいいきょう》』には、「一志郡外宮八太御園《みその》上ノ例ニ因レハ御厨《みくりや》ニ祀ル処ニシテ倉稲魂命アリ」とあるように、伊勢神宮の外宮の御園にあたり、そのため食物神の倉稲魂命《うかのみたまのみこと》（稲倉魂神）を祭神とすることが記されている。その一方で、この波瀬川は時として水害をもたらしてきた暴れ川でもある。

「はた」についての諸説

氏子の一人である旧知の郷土史家に波多神社について尋ねると、意外な言葉が返ってきた。

波多の「はた」は、古代の渡来系豪族の秦《はた》（波多）氏に由来し、この地域に移住してきた波多氏の氏神として祀られたのが波多神社なのだという。神社では今から約千七百年前、この里の豪族「壱師《いちし》の波多氏」の氏神としてまつられているとするが、波多の「はた」が秦氏とはどういうことなのだろうか。

「波多神社は農耕神と共に江戸中期までは祖神として波多八代宿祢《やしろのすくね》・武内《たけうち》宿祢も祭神としていたようです。武内宿祢の長男とされるのが波多八代宿祢。まさに波多臣の祖となります。また現在も祀られている宇賀神《うがのかみ》は、京都伏見の秦氏が創建した伏見稲荷大社の宇迦之御魂《うかのみたま》との関わりも感じられます。秦氏は、五世紀前後から六世紀前半に朝鮮半島から大挙して渡来《とらい》し、その分布は九州から関東までと広く、伊勢国では飯野《いいの》郡（松阪市）や朝明《あさけ》郡（菰野町）でも見られます。（伏見稲荷のある）

山背国深草《やましろのくにふかくさ》と伊勢という広域的なネットワークに立って、丹生山《にゅう》(現・多気郡)の朱砂《すさ》・水銀の採掘、精錬《せいれん》、交易に関与し、利益を上げていたと推測できます」

西田久光氏は神社の見解とは異なる指摘をした。古代史の専門家・加藤謙吉の『秦氏とその民』には、八太は交易の中継基地であった可能性に言及しているという。

波多神社はもともと「波多の横山《よこやま》」と呼ばれる里山に創建された。

波多の横山については、六七五年二月、天武天皇を父に、額田王《ぬかたのおおきみ》を母とする十市皇女《とおち》が伊勢へ向かう際、同行した吹黄刀自《ふきのとじ》がその巌を見て詠んだという歌が、『万葉集』(一巻二十二)に載る。

「河の上《へ》のゆつ岩群《いわむら》に草生《くさむ》さず常《つね》にもがもな常処女《とこおとめ》にて」

(川面から出た清らかな岩に草が生えないように、いつまでも清らかな乙女であることよ)

この付近は、古墳時代後期の横穴式石室を埋葬主体とした無数の群集墓《ぐんしゅうぼ》が見られる。その数は二百基以上に上るという。古代、波多氏の氏神ならば、この群集墳跡に神社が建てられたのかもしれない。神社の鎮座地の移動の時期と、祭神の変化などがわかれば詳細が顕かになるだろう。

また波多氏の氏寺と考えられる古代寺院の班光寺《ばんこうじ》は、現在のJR名松線伊勢八太駅の西側一帯にあり、白凰時代の瓦《かわら》などが出土している。

そして、この地は古くから大和と伊勢を結ぶ初瀬《はせ》街道が通る交通の要衝でもあった。八太橋を渡ると左に右に曲がる「八太の七曲がり」が知られる。

特殊神饌を調べにきたのだが、改めて古代におけるこの地域の重要性を認識したのだった。

宮掛かりが用意する三つの膳

私が訪れたのは、祈年祭《きねんさい》前日の二月十八日、特殊神饌の準備が行われる日であった。集落の中ほどにある上垣内地区集会所では、すでに準備が進められていた。調理に携わるのは、「宮掛《みやか》かり」と呼ばれる、氏子地区の男性のみ。皆、マスクをしている（以前は奉書紙に紐をつけたものを着用）。調味湯通しした野菜類（牛蒡《ごぼう》、大根、山芋、里芋、豆腐、蒟蒻《こんにゃく》）を一センチほどのサイコロ大に切り、調

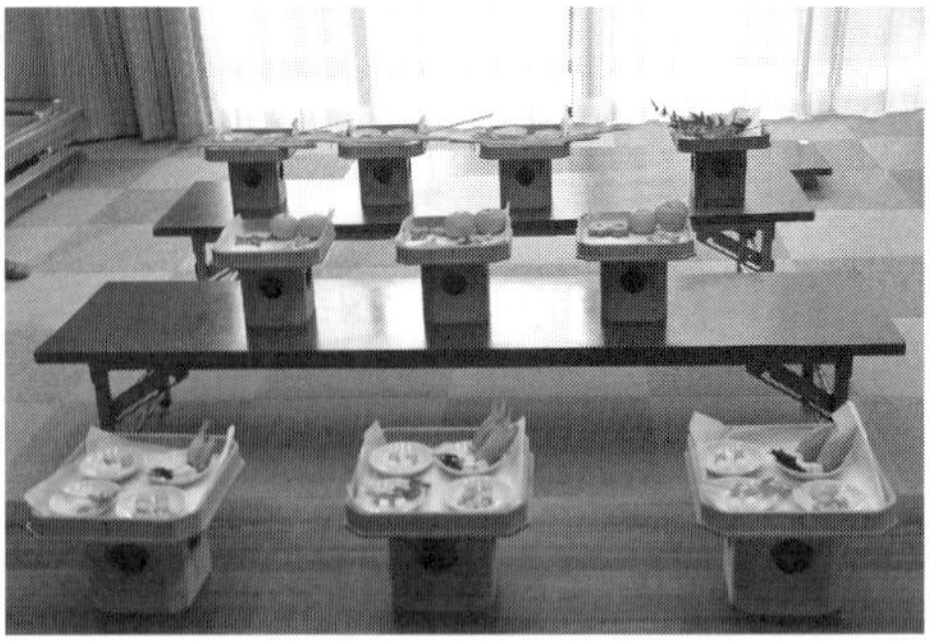

前日に用意された神饌

波多神社の神饌は氏子らによって準備される

料は使わない。青々とした蕗《ふき》の薹《とう》、芹《せり》もある。地区で集めてきた榧《かや》の実、栗の鬼皮をむき乾燥させた勝ち栗、珍しいものでは、ムツの干物もある。ムツは毎年、正月前に大紀町錦の魚屋に頼んでいるという。たわらものとあるのは、遠方より俵に詰めて運んだものとされ、ここでは海藻の乾したホンダワラを使う。これも海岸部から離れた一志町では手に入りにくい。

材料が揃ったところで、調理人が調理室から座敷に移り、配膳に取り掛かる。三方がずらりと並ぶ。

神饌は祭神（宇賀神、天水分神《あめのみくまりのかみ》、稲倉魂神）の三柱に供えるため、三セット用意される。一セットは、三つの膳（一の膳、野菜の膳、菓子の膳、これに魚の皿が加わる）がある。調理人が箸でていねいに取り分けていく。困ったことに、蕗の薹が大きく育っていて、皿に入りきらない。調達した氏子総代は、思わぬ展開に冷や汗をかいていた。

白膠木の箸を添えた御膳

御膳には数種類の箸《はし》がついているのが珍しい。

食事に箸を使うのは、日本をはじめ、中国、朝鮮、ベトナムなど東アジア文化圏で、日本では弥生、古墳時代の遺跡からも箸の出土が見られる。日本神話の『古事記』では、素戔嗚尊《すさのおのみこと》が川上から箸が流れてくるのを見て、上流に人が住んでいるのを知る場面が描かれる。平城宮跡からも五十四膳のヒノキ箸が見つかるなど、日本では金属もあるが、木が手に入りやすいため、木の箸が多い。

ヒノキや杉、松など常緑樹が使われるのは、常緑樹は生命の強さを象徴するもので、塗り箸ではなく白木《しらき》のままの、粗削《あらけず》りの白木箸が使われる。

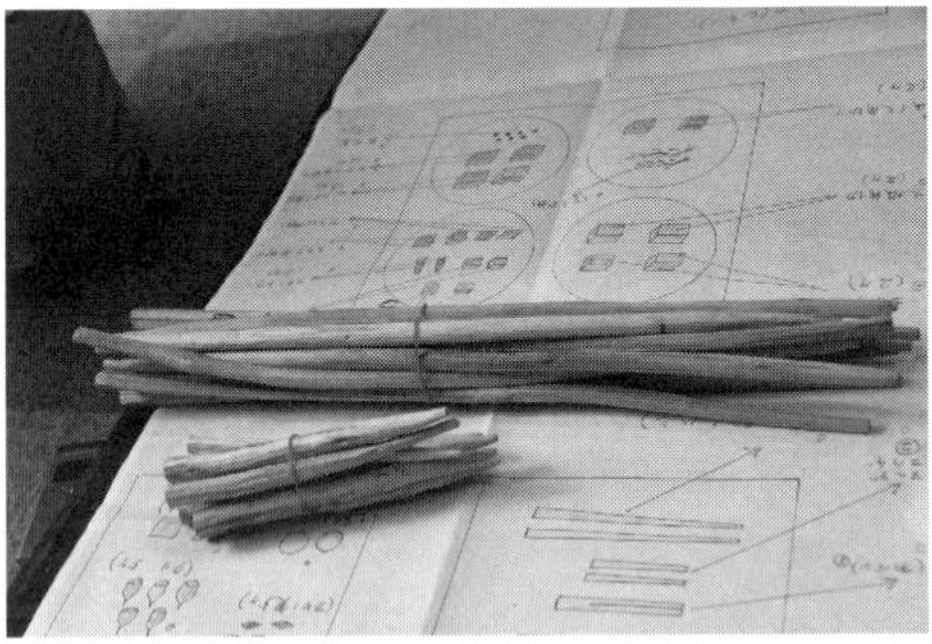
箸と地区に伝わる配膳図

白膠木《ぬるで》箸は、木枝の皮を剥がし、ナイフで削った素朴なもの。白膠木はウルシとよく似た木だが、地区のどこにこの木があるのか、調達場所もきちんと伝達されている。長い方は一尺五寸（約五十センチ）、短い方はおそらく御菓子膳用なのか、白膠木楊枝《ようじ》と呼ばれ、こちらは四寸（約十三センチ）に作られる。

それに杉箸と、稲藁《いなわら》のにごが用意される。〝藁にご〟は、稲穂の穂をとり茎だけになったものだ。予祝《よしゅく》行事ならば、稲穂を模した餅の花が供えられるが、ここはわざわざ稲穂の実を除いた〝藁にご〟を添える。不思議に思うが、これも藁のもっている力への信仰なのだろうか。

〝藁にご〟は、わらしべともいう。平安時代末期の説話集『今昔物語集』の「わらしべ長者」は、観音に願掛けをして一本のわらしべを授かった男が、捕らえたアブをわらしべにしばり旅をするうち、順繰りに高価なものと交換してゆき、ついには長者になるという昔話だ。この長者伝説も、なんでもないわらしべがきっかけである。もちろん正月の注連縄《しめなわ》も藁から作られる。特殊神饌に添えられた〝藁にご〟から、かつて人々が抱いていた藁への期待が感じられた。

●特殊神饌の内容

◉御飯（はん）一盛…もち米を蒸し、茶碗を使って丸盛りご飯を作る。その残りで鏡餅を作る。

◉御鏡餅二重

◉お神酒一対

一の膳

◉箸は三種類用意。白膠木（ぬるで・ウルシ科、山野に生える漆とよく似た木。フシノキ、長さ一尺五寸）箸、白膠木楊枝（おそらく菓子用か、四寸）、杉箸（ふつうの割りばし）　＊一尺は約33㎝、一寸は約3.3㎝

◉藁にご二（稲の穂の芯。藁みご、藁しべ。穂は採ってしまう）。

◉干柿二（串付）、田作り二、タワラモノ一本（乾燥した海藻、ホンダワラ）

＊タワラモノとは古来、干魚等を俵に詰めて遠く運ばれたものをいう、との但し書きあり「両御宮祭典御膳供覚」明治三十六年陰暦正月写し

御野菜の膳

◉牛蒡、大根、山芋、里芋、豆腐、こんにゃく各1㎝を2切れ。荒布（アラメ）二、芹二、白大豆七、蕗の薹二、睦（ムツ）の干物一（入手が難しいため、12月、錦の魚屋に依頼。開き、下に南天の葉を敷く）

御菓子の膳

◉蜜柑二、米せんべい二、榧の実五、かち栗五（栗の鬼皮をむき乾燥したもの）、干柿二、昆布角切二

＊白膠木の木、芹、蕗の薹の自生している場所は、地区で代々伝わっている。（数は1セット分）

神前に供えた神饌

蒸したもち米の御飯

波多神社の神饌で目を引くのは、餅米を蒸した「飯《はん》」だ。伊勢神宮の神饌では同じ「御飯」と書いて、「おんいい」と呼ぶ、うるち米を蒸したものがある。波多神社では、もち米を蒸す。

石毛直道の『日本の食文化史――旧石器時代から現代まで』には、「米の料理法」が詳しい。それによれば、第一に東南アジアの多くの地域でなされた大量の水で洗米を煮る「湯取り法」、第二は、第一の方法のように途中で湯を捨てることなく、米を炊き上げる「炊き干し法《たぼしほう》」で、水を多くすると粥になる。この炊き干し法の炊飯は、日本ではなじみ深く、「始めちょろちょろ、中ぱっぱ、赤子泣くとも蓋《ふた》取るな（弱火から強火にし、途中では決して蓋を取らないという、飯の上手な炊き方を教えた言葉）」のように炊いたが、今では日本で発明された自動炊飯器もこの炊き干し法を使う。

そして、第三にあげるのが、米を蒸す方法で、主にもち米の料理法だ。

もち米は、うるし米と澱粉《でんぷん》の性質が異なり、吸水したもち米が熱を受けると、急速に澱粉が糊化《こか》してしまう。鍋や釜で煮ようとすると、最初に熱を受けた底の部分の米が糊化してしまい、対流がさまたげられ、底は焦げ、上部の米粒は生煮えになってしまう。

そこで、もち米のときは、十分に吸水してから、蒸し器に入れて蒸して、強飯《こわめし》にする方法が各地で行われる。五月の端午《たんご》の節句の粽《ちまき》なども、植物の葉などで、吸水したもち米を小さな包みにして煮るため、対流を妨げずに加熱することができるという。

古墳時代の五世紀には、須恵器《すえき》で作られた蒸し器「甑《こしき》」が出土し、またほかの文献資料からも十二世紀頃まで蒸して食べていたようだ。そして、十三世紀以降から現在に至るまでは炊き干し法が用いられている。

ではなぜ、蒸すことから、炊き干しに変わったのか。

石毛氏は、もち米が導入され、これが主流となったため米を蒸す料理法が一般化したのが五世紀、そして十三世紀頃から再びうるち米が主な品種に置き換わったので、炊き干し法に戻ったという解釈を紹介し、これを立証するのは炭化した状態で出土する古代米では科学的にもち米かどうかを分析するのは難しいとする。なぜ、古代から平安時代まで、強飯が好まれたのかはわからないという。

もち米を蒸した御飯

配られた飯

伊勢神宮のうるち米を蒸した御飯、波多神社のもち米を蒸した御飯。

波多神社では、調製の時に作った御飯を四角に小さく切ったものが半紙にくるまれて、祈年祭《きねんさい》後に参列者に配られる。私もいただき、食べた。うるち米よりも粘りがあり、固形であるが餅とは異なり、どちらかというと砂糖の入っていない「ういろ」のような感じであった。

また、波多神社では精米されていない玄米を使う時もある。

かつて半夏生《はんげしょう》の翌日（例年七月一日、日曜とする）に野上《のあが》り祭としてあった「飯《はん》もらい」だ。現在は六月下旬に行われている。この時には玄米を蒸したものにゴマをかけたご飯を半紙にくるんで、配った。米は精米すると、ビタミンB[1]を多く含む外側の部分が糠《ぬか》となって除去され、白米になる。そのため、江戸時代には「江戸わずらい」と呼ばれる脚気《かっけ》が蔓延したほど。これは十七世紀後半に回転式の籾摺《もみす》り専用の道具が普及し、米つき臼《うす》で精米したため、この頃から白米を食べるようになった都市部の人々が、ビタミンB[1]不足になったのである。

波多神社では、重労働である田植えが終わる野上り（野明祭）には、ビタミンB[1]たっぷりの玄米を使い、さらに高品質のたんぱく質を多く含む黒ゴマをまぶした御飯を配った。これは疲れた身体をねぎらうのに最適なものだったのだろう。稲作の盛んな農村らしい、野上りの行事食である。

菓子膳にみる榧と栗

波多神社の特殊神饌には「御菓子の膳」が供えらえる。蜜柑《みかん》、米せんべい、榧《かや》の実、かち栗（栗の鬼皮をむき乾燥したもの）、干柿、昆布角切の六種類が神に供える「御菓子」だ。

神饌の菓子は、平安時代の公家の宴会料理「大饗料理《だいきょうりょうり》」に見ることができる。『類聚雑要抄《るいじゅうざつようしょう》』（一一一六年）の内大臣藤原忠通《ただみち》の大饗料理が知られるが、そこでは八種類の菓子が並ぶ。菓子は、唐《から》菓子とくだもの系統の木菓子《きがし》に分けられる。日本では菓子は果物《くだもの》を指したことから、中国伝来の加工菓子は、唐果物と呼ばれた。唐菓子は小麦粉などを使い、油で揚げたもので、今も奈良県の春日大社などの神饌には、ブトと呼ばれる米粉で作り、油で揚げた菓子が供えられる。波多神社の米せんべいは、かつては油で揚げた唐菓子のたぐいであったものの代用品なのだろう。

木菓子は、生の果物か干したものになる。

波多神社では、木菓子は、果物の蜜柑と干柿、木の実の榧や栗、それに海藻の昆布が加わっている。蜜柑と柿は、古くから日本人が親しんできた果物である。神話では田導間守《たじまのもり》が常世《とこよ》の国から持ち帰ったという「非時香菓《ときじくのかぐのこのみ》」は、橘の古名で、今日の橙《だいだい》とされる。おそらく遣唐使など中国との文化交流が盛んな時期に蜜柑類が多く入ってきたと考えられている。また、柿も奈良時代に渡来し、日本の風土と良く合い、多くの品種が各地で生まれた。古来、日本人はこの果物から甘味を摂取してきたともいえるほどで、熟柿《じゅくし》や干柿は食用としてだけでなく、祭礼の菓子としても用いられてきた。

そして、榧《かや》や栗といった木の実が供えられていることに、この地域の特性が見られる。水田稲作が伝わる以前の日本は、採集・狩猟に頼り、食料を得ていた。その中で、木の実が食用として重要な役割を果たしたのは、長く保存できることから安定した食材であったからだ。

また、エネルギーも百グラムあたり精白米の三百四十キロカロリーに比べ、木の実は高い。とくに、波多神社で供えられる榧は六百十二キロカロリーとトチやブナの実より高く、極めてエネルギーが高いことが指摘されている（江原絢子ほか『日本食物史』吉川弘文館、二〇〇七年）。

もう一つのかち栗も、奈良時代の『正倉院文書』に「搗栗《かちぐり》」の文字が見られるなど、古くから食料としてきた木の実である。かち栗にするには、拾った栗の実を殻のまま軽く湯がいて実の中の虫を殺し、それを天日でよく乾燥させる。そして保存しておき、食べるときに臼や杵で搗《つ》くと、刃物を使わずに殻が外れる。これなら栗の実を乾燥させ備蓄し、欲しい時に搗いて硬い皮を取り除けば食べられるので便利である。

有岡利幸の『栗の文化史』（雄山閣、二〇一七年）では、筆者の住まい周辺の京都府山城《やましろ》地方南部の栗の神饌についての分布調査があるが、栗と榧の組み合わせもいくつか見られる。城陽《じょうよう》市の荒見《あらみ》神社は木津川《きづがわ》の洪水から守る水神をまつるが、昔、春日の神がこの地に来られた時、食物が欠乏していたため、村人が栗や榧を献上したところことのほか喜ばれたことから、始まったという由来をもつ。ここの「おいで祭り」は、昔は榧の実が神饌の中心であったし、また同市の水度《みと》神社の祭礼「寺田祭《てらだ》り」には宮座《みやざ》の栗榧座《くりかやざ》が残り、神饌を作る。栗や榧を先に刺した串をまるで栗や榧の実が繁茂した姿のように盛り付ける豪華な神饌で、使用する竹串は四百二十四本というほどで、作り上げるには約三十人の人手を要するという（岩井宏實ほか『神饌』法政大学出版局、二〇〇七年）。祭りではその串を氏子らが奪いあう。先がとがった串だが、不思議と怪我をするものはいないという。この神社は伊勢神宮内宮の祭神、天照皇大神をまつり、文政十三年（一八三〇）の「おかげ踊り図絵馬」が奉納されている。両社とも山城国の式内社《しきないしゃ》に比定される古社である。

西日本は、シイやカシなどが茂る照葉樹林が広がり、木の実が菓子として重んじられ、そのなかでも榧と栗が神饌に選ばれたのは、稲作以前に栗や榧が主要な食料となっていたことがうかがえる。雲出川流域の波多神社周辺もまた、山城国と同じく、栗や榧が食べられていたのである。残念なのは、なかなかこうした木の実を毎年採取することが難しくなってきていることである。それは照葉樹林の丘陵地が宅地化などで減ってきたことが起因しているに違いない。

神饌に選ばれた野菜

野菜膳にのる野菜も興味深い。

海藻のアラメ、魚のムツ、大豆の豆腐を除くと、牛蒡《ごぼう》、大根、山芋、里芋、こんにゃく、芹《せり》、白大豆、蕗《ふき》の薹《とう》である。

このうち日本原産の野菜は、山野に自生する山芋、芹と蕗である。二月の祈年祭の神饌であるため、蕗は、蕗の薹となっているのだろう。

そのほかは、渡来のものであるが、「おおね」「おほね」と呼ばれ、『古事記』にも記されている大根は、春夏秋冬と栽培され、一年中出回る。ビタミンCや消化を助けるアミラーゼが豊富で、奈良時代に伝わったというが、日本人にとって最もなじみのある野菜かもしれない。里芋はインド東部からインドシナ半島にかけて古くから「タロ」と呼ばれ、日本には縄文時代に伝わったという。稲作以前の主食とされるのは、種芋から収穫がたくさん出来、かつ、でんぷん、ビタミン類、ミネラル、食物繊維が豊富だからである。こんにゃく（芋）もインド

四角く切られた野菜が特徴の野菜膳

から渡来し、各地で栽培された。これを乾燥したのち粉にしたものが食用の原料になる。

注目したいのは、筆頭の牛蒡である。原産は中央アジアとされ、里芋と同様に縄文時代に中国から渡来した。牛蒡を蔬菜《そさい》（野菜）として独自に発展させ、さまざまに料理して食べてきたのは日本だけといえる。根菜のなかでも食物繊維の含有量が高く、特有の香りと歯ざわりが好まれ、きんぴらごぼうなど日々の食事から、正月のお節料理の「たたきごぼう」、正月の和菓子の「菱花びら餅」など儀式食にも用いられる。「ごぼうは神饌として、餅や生成ずしに次ぐ位置を占める供物になる」と指摘するのは、『ごぼう』（法政大学出版局、二〇一五年）の著者、冨岡紀子氏である。畑作儀礼として、南方系にルーツを持つ里芋、こんにゃく、大豆に対して、北方系が大根、そして牛蒡で、南方系、北方系野菜が混在して神饌となっていた。こうした畑作物が雲出川流域の地域の貴重な食べ物であったと考えられる。

冨岡氏はまた牛蒡の祭りについて、「若狭湾から伊勢湾にいたる線状の地域こそが、〝ごぼう祭り街道〟と呼ぶにふさわしく、祭りを通して牛蒡の食文化が発達した文化圏」と指摘する。牛蒡祭は、年の始めに牛蒡を大量に食べることにより、五穀豊穣と子孫繁栄を願い、この一年の健康を維持する栄養・薬用としての効用を得ることにあったようだ。日本海側の若狭から太平洋側の伊勢湾までがごぼう祭り街道ならば、三重県は最南端になる。例えば、津市美杉町の下之川《しものかわ》仲山神社のごんぼ祭（牛蒡祭）は、もともとは一月十五日の小正月の行事であったが、現在は二月十一日に行われる。包丁式でさばいたボラと頭屋が調理した牛蒡を朴の葉に載せ、神前に供えることからこの名がある。またこの日には牛蒡のアルギニンという成分にあやかり、小豆粥と牛蒡を食べる風習が地元にあるという。

この波多神社の周辺でも、牛蒡を新春に食べることをしていたのだろう。神饌の野菜にも、土地の食生活が色濃く反映されていて、ますます興味がわいた。

例祭から祈年祭へ

神饌の準備は、高岡神社の西田昭生宮司が指揮を執る。波多神社の西田きみ子宮司の夫君である。今回、西田宮司が古文書を調べるなかで、これまで用意していた特殊神饌《とくしゅしんせん》に間違いが見つかり、訂正が行われた。

「この特殊神饌は、神社に伝わる『八太村産土神御祭日献備物帳』に定められたものです。これは川合尋常小学校郷土科の教科書にも掲載されていました」

「往古依り千今一度モ怠ルコトナシ」と社伝に従い、明治八年、式部寮達『神社祭式』が制定されて、全国の神社祭祀の式次第について統一的な規定が示された。同四年に郷社に列せられた波多神社にも達せられたが、「怠《おこた》ルコトナシ」とこれまで通りの神饌が供えられたのである。ここに語られぬ歴史があるのだろう。

祭日は明治五年の改暦（十二月三日が明治六年一月一日）により、新暦への変更をやむなく行う。波多神社の例大祭は、旧暦は一月十七日であったが、新暦の二月十七日になり、現在は十七日に近い日曜に。もともとは一月の例大祭の神饌であったのが、現在では祈年祭の神饌となっている。

また、神饌は、波多神社の神域には水が得られず、神饌所も設けていないことから、以前は氏子の頭屋《とうや》の家で作られ、そこから唐櫃《からひつ》で運ばれたと考えられる。その際使われていた唐櫃が、神社に残る。頭屋は戦後まで残っていたようだが、のちに上垣内《かみがいと》地区に集会所ができると、そこで作るようになった。

明治四十四年に合祀した八幡神社（大日孁命《おおひるめのみこと》、月読命《つきよみのみこと》、応神《おうじん》天皇）の大祭が一月十一日に行われていたが、大正二年度に新暦二月十七日に催行することが総会で決定されて以来、八幡神社の特殊神饌は用意しなくなる。

二つの神社の特殊神饌は、箸や食材などほとんど同じだ。異なるのは、ムツの干物と昆布が八幡神社にないくらいである。この地域の神社では、よく似た神饌を出していたことになる。

祈年祭の朝には、氏子総代ら役員が上垣内集会所から、三方《さんぼう》に整えられた特殊神饌を神社へ運び、神前に並べた。階段状になっており、上から、御飯、御鏡餅、御神酒、その下に野菜膳、手前に一の膳の順だ。

献饌し、開扉した状態で、祭典が進められていく。氏子地区の代表が白衣を着用して、参列。一時間ほどで終了した。

直会《なおらい》は、用意された弁当を社務所で共食する。神饌は持ち帰らず、準備の時に作った御飯《はん》を四角に小さく切ったものが半紙にくるまれて、渡される。私もいただいてきた。自宅で「はん」を食すと、味はないが、噛んでいるうちに米の甘味が感じられた。

静かな川沿いの里で大切に守られてきた特殊神饌である。

第五章

伊勢神宮の神饌

皇室の祖先につながる天照大神《あまてらすおおみかみ》をまつる内宮《ないくう》（皇大神宮《こうたいじんぐう》）、そして食を司るという豊受大神《とようけおおみかみ》をまつる外宮《げくう》（豊受大神宮）を中心とした伊勢神宮。百二十五ものお宮や神社の総称で、平成二十五年には二十年に一度の式年遷宮《しきねんせんぐう》が行われた。ここでは、毎日食を神前に供える祭典をはじめ、儀式には神饌《しんせん》が欠かせない。〝日本人の心のふるさと〟といわれ、一年を通して参拝者が引きもきらない伊勢神宮の神饌とはどのようなものだろうか。

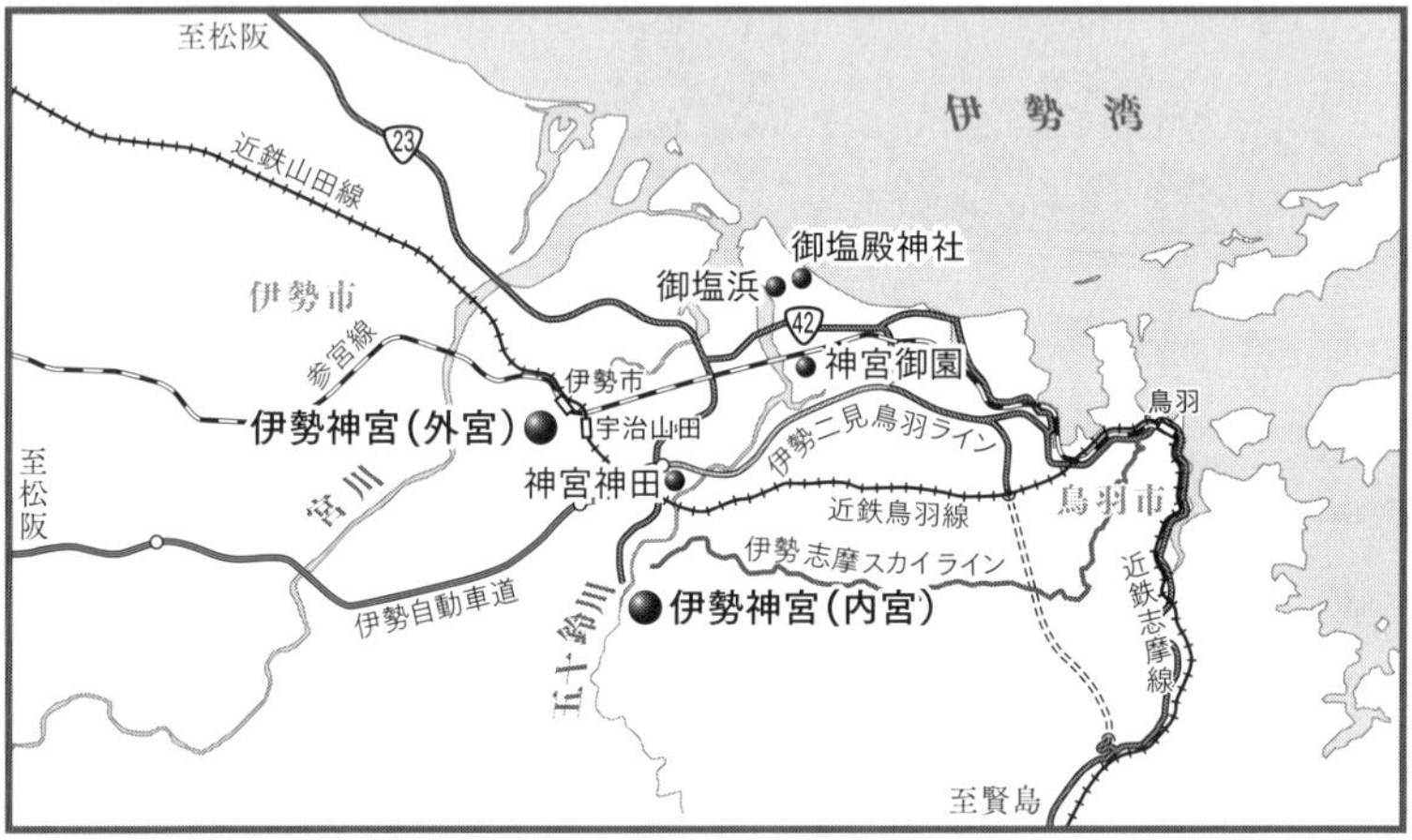

●伊勢神宮内宮
住所：三重県伊勢市宇治館町 1
アクセス：近鉄五十鈴川駅から徒歩 30 分
●伊勢神宮外宮
住所：三重県伊勢市豊川町 279
アクセス：近鉄・JR 伊勢市駅から徒歩 5 分

参詣時間：午前 5 時～午後 6 時（5 ～ 8 月は午後 7 時、10 ～ 12 月は午後 5 時）
電話：0596-24-1111

日別朝夕大御饌祭
～外宮で日々、食を捧げ、神に祈る

一年三百六十五日途切れることなく、神前に食を供える。食を司る神、豊受大神《とようけおおみかみ》をご祭神とする外宮では、食を日々供えることをお祭りとして、創建以来の千五百年にわたり続いてきたという。神おはすごとくに連綿と受け継がれてきた祭典、日別朝夕《ひごとあさゆう》大御饌祭《おおみけさい》。常典御饌《じょうてんみけ》と神職が呼ぶ、日々のお祭りはどのようなものなのだろうか。

お祭りに奉仕する人

祭典に奉仕するのは、神宮神職の禰宜《ねぎ》、権《ごん》禰宜、宮掌《くじょう》の三人に、出仕《しゅっし》という神職見習いの若手二人を加えた計五人である。神宮神職は百人ほどが所属し、大宮司、少《しょう》宮司、十数人の禰宜、その下に二十数人の権禰宜、三十数人の宮掌、年若い出仕が三十人近くいる。宮掌以上が、浅沓《あさぐつ》を履き、祭典に参列することができる。

当番の神職たちは前夜から外宮神域にある斎館《さいかん》に入り、籠《こも》る。神事を行う者が穢《けが》れにふれないように別の火で食物を調理して食することを別火《べっか》というが、奉仕する神職はまさに自宅を離れ、神域で心身を清め、お祭りに臨むのだ。日別朝夕大御饌祭は専門の神職はおらず、神宮の神職が一日ご

とに順番に担当する。そのつど、構成員は異なり、人数の少ない禰宜は、月二、三回のお役目が巡ってくることになる。その際には、ふだんの神宮司庁などで行う業務から離れ、斎館に待機しているのだ。

井戸から水を汲み、忌火をきる

お祭りの日、早朝から外宮神域内にある上御井神社《かみのみいの》で井戸水を汲み、神饌《しんせん》の調理に取り掛かる。この井戸も井戸を守る神がまつられ、神宮百二十五社の一つの神社となっている。上御井神社は天上界の忍穂井《おしほい》をうつしたといわれる井戸で、神職は自らの影が映らないようにして水を汲み出す。外宮神域には立入禁止の上御井神社のほかに、予備の井戸である下御井神社《しものみいの》がある。井戸の井桁《いげた》の上にお社を載せた形体をしており、こちらは拝見できる。

そして、毎朝、「火をきる」ことをする。場所は外宮神域の北御門《きたみかど》からの参道沿いにある建物だ。権禰宜が、山ビワの棒を回転させる道具で、檜《ひのき》の板とこすり合わせ、木と木の摩擦熱によって火をきり出す。私たちは火を起こすというが、この作業は「きり出す」という表現がふさわしいように思う。一般には見ることができないため、外宮の「せんぐう館」で放映している映像や、展示の道具をご覧いただきたい。現代ではガスや電気により火をたやすく得ているが、古きのままに額に汗して、人の力でもって火を得る。日々、火を新しくきり出すことによって、神宮の火は伝えられてきた。どれほどの神職の手によって火がきり出されてきたのだろうか。

古くから伝えられてきた火に、天台宗総本山、比叡山延暦寺（滋賀県）の「不滅の法灯」がある。開祖の伝教大師最澄《さいちょう》が平安時代初め、仏前に灯したと伝わる聖なる灯だ。こちらは油を絶やすことなく注ぎ、灯し続けてきた。山形県の立石寺《りっしゃくじ》や岩手県平泉の中尊寺など、天台宗の古寺に分灯されている。比叡山が焼き討ちの法難《ほうなん》に遭った際は、分灯していた灯を、再興した根本中堂に戻したという。聖なる火の伝え方はさまざまだ。

伊勢神宮では、きり出された火を「忌火《いみび》」と呼ぶ。忌とは意外に思うが、ここでは穢れではなく、清浄という意味をもつ。そして忌火をきり出す建物を「忌火屋殿《いみびやでん》」という。内宮にもあるが、日々の日別朝夕大御饌祭の調理は、外宮の忌火屋殿で行う。こうした食事を調える建物が、御饌殿《みけでん》の近くにあることも特徴だ。神饌は、毎朝汲んでくる水を用い、朝にきり出した新しい火を使い、調《ととの》えられる。食材は毎日神宮御園から運ばれたもの、米も毎朝蒸されている。食材を載せる容器にしても一回使用するだけの土器だ。つまり神饌は、清浄をもっぱらとし、真新しい食を供えることに意味を持つことがわかる。そのために御饌殿近くに、神饌調理所を設け、ここで神に供える神饌を調えるのだ。神饌は調理も、特別に行われている。ただし、忌火屋殿は二十年に一度の式年遷宮で新しく建て替えられることはなく、適宜に修繕される。

日々の神饌は外宮の御饌殿へ

日別朝夕大御饌祭は、朝と夕方の二度、食事を供える。

まず外宮忌火屋殿で調《ととの》えられた神饌は、素木《しらき》の辛櫃《からひつ》に納められ、前庭で祓いを受ける。次に、出仕二人が辛櫃を担ぎ、先頭に禰宜、辛櫃の隣に権禰宜がつき、最後尾に御鑰《みかぎ》をもった宮掌の順で、御饌殿《みけでん》へ向かう。

御饌殿は、外宮の正宮《しょうぐう》の北東に立つ建物である。御垣の内側にあるため、間近にすることはできないが、屋根が望めるので位置はわかる。平成二十五年の式年遷宮で正宮が西の御敷地《みしきち》に遷り、以前は忌火屋殿からすぐ近いところにあったが、現在は百メートルほど離れたところになった。

辛櫃には、六セットの神饌が折櫃《おりびつ》に納められる。

神職は御饌殿に上り、殿内に天照大神、豊受大神、内宮相殿神《あいどののかみ》（御一緒におまつりしている神）、外宮相殿神、内宮別宮の神々、外宮別宮の神々にそれぞれ神饌を供える。

神饌は朝と夕はほぼ同じで、調理される熟饌《じゅくせん》があるのが特徴だ。

御飯《おんいい》（忌火によって蒸した米）
御塩《みしお》（御塩浜で採取したかん水を煮詰め、焼き固めたもの）
御水《おみず》（上御井神社で早朝汲んだもの）

この三つを基本にしている。明治時代に神饌は変わったとされるが、私たち人間にとっても欠かせない米、塩、水を日々供えていたことは変わらないと考えられている。

そして、これらの食材は自給自足を原則としている。伊勢神宮の周辺で採れた米や塩、水を自ら供え、感謝を捧げる姿勢が貫かれているのだ。土地で採れる産物を自然の恵と考え、それらを供えてこそ神に誠の感謝を申し上げるという考えが根底にある。

ほかに、現代の和食にも通じる品目が供えられる。

季節の野菜と果物（神宮御園で収穫した調理しないもので、朝と夕は異なる）
生鯛（夏には干物）
かつお節（朝は背側の背節、夕は腹側の腹節）
海藻（昆布などで、朝と夕で種類は異なる）
お神酒（清酒）

年に一度の祭りでは特別に豪華な食を神前に供えるが、日々行われる祭典では、お供え物はさほど変わらない。それでも朝に夕に食事を新しくするのはなぜだろうか。

神社では崇敬者からの供物はしばらく奉納したままになっているが、日別朝夕大御饌祭は毎朝夕、器も食も新しいものに取り換え、供える。それは、常に瑞々しいものを神に供えたいという〝常若〟の心がここにもあるように思った。二十年に一度、社殿を新しくする式年遷宮は、古びる前に瑞々しくするという常若の心が根底にあるとも考えられているが、日々、食を新しくすることにも通じるのではないだろうか。神職は、神に神饌を「奉る《たてまつ》」という言い方をする。「奉る」とは、『明鏡』で調べると「立て（はっきりと）」＋「まつる（差し上げる）」の意。「与える」の謙譲語（相手を高める言葉）とある。祝詞では、神職は「奉る」を「まつる」と読み、それが名詞になったのが「まつり」という。つまり、お祭りの語源とも考えられているのだ。神にさし上げることが、お祭り。神饌調製所や供える建物を建造し、日々水を汲み、火をきり、神田や御塩浜では米や塩を作り…人知の限りを尽くして、神饌を調える。なぜ神饌をそれほどに大切にするのか、それは「奉る」ことがお祭りだからかもしれない。

神職たちは、日々、御饌殿へ神饌を供え、神への感謝を申し上げている。「奉る」ことを創建以来、神職たちのリレーによって平成の世にまで続けてこられたことが、なによりも尊い。平成二十五年の式年遷宮という大きなお祭りの時でさえ、この日別朝夕大御饌祭は神職たちによって行われていた。私たちは神饌を拝見することも叶わないが、日々神に食を供えることはこれからも粛々と続けていかれるに違いない。その確かさこそが、ありがたい。

神嘗祭
～新穀を供え、稲の収穫に感謝する

一年のうち、伊勢神宮で最も重要なお祭りというと、何だと思われるだろうか。十月の神嘗祭《かんなめさい》になる。この「かんなめさい」。あまりなじみがないのは、この祭典が伊勢神宮でのみ行われるせいかもしれない。神嘗祭はその年に収穫された新穀を神に供え、感謝を申し上げる

儀式である。テレビなどで報道される新嘗祭《にいなめさい》は、天皇陛下が皇居内で収穫された新穀を神々に供え、ともに召し上がるという皇室祭祀《さいし》である。古くは旧暦十一月の中の卯《う》の日に行われたというので、今ならば十二月中ごろにあたる。新暦になってからは十一月二十三日に行われるようになり、その日が昭和二十三年（一九四八）に勤労感謝の祝日に定められたが、全国の神社では、現在でも氏子総代をはじめ、氏子たちが地域の神社に集まり、新嘗祭が執り行われる。

伊勢神宮の神嘗祭は旧暦の九月であったが、明治五年（一八七二）に太陰太陽暦（旧暦）から太陽暦（新暦）への変更にともない、同十二年に新暦の十月に変更された。新暦の九月では不具合があったのだろうか。明治期の新暦への移行で、月次祭の日は旧来通り、六月と十二月だが、新穀を供える神嘗祭は九月では収穫が間にあわず、十月に変更されたと考えられる。

旧暦九月の神嘗祭と旧暦十一月の新嘗祭。新穀に感謝する収穫祭が二度行われるのである。なぜ二度行うのかは、早稲《わせ》を供えるのが伊勢の神嘗祭、中稲《なかて》（手）、晩稲《おくて》を供えるのが新嘗祭だからとする考えがある。稲の実りに感謝する収穫祭には、新しく採れた新穀を供えなければならない。二つの収穫祭の約二カ月におよぶ日程のずれは、収穫の始まりの早稲から、最終の晩稲の収穫時期に合わせていたからとするのは、日本人が主食である稲の実りを最大限に考えていたことからもわかる。確かに、伊勢は早稲品種を栽培する地域だ。早稲というものが今よりもさらに貴重であったのかもしれない。

深夜に行われる大御饌の儀式

このお祭りの日には、内宮・外宮の内玉垣《うちたまがき》（正宮）をはじめ、別宮の瑞垣《みずがき》には、懸税《かけちから》という稲穂が掛けられる。ふだんには見られない光景で、正宮の内玉垣には、天皇陛下が皇居内の水田で九月に刈り取られたもち米（マンゲツモチ）の御初穂も懸けられる。御幣《ごへい》の付いたひときわ立派な根付の稲穂である。

十五日は外宮、十六日は内宮へ伊勢市民と全国からの崇敬者が初穂を積んだ奉曳車を引き込み、初穂を奉納する初穂曳《はつほびき》が行われる。近年は神嘗祭を奉祝して全国の祭りが内宮、外宮周辺で披露されるようになり、伊勢は大いに賑わう。

一方、伊勢神宮の神嘗祭は夜、粛々と行われる。伊勢神宮は外宮先祭《せんさい》といって、食を司る神である豊受大神《とようけおおみかみ》をまつる外宮からまず執り行う。そのあと、豊受大神を内宮へ招へいして、内宮の天照《あまてらす》大神に神饌を供え、お祭りを執り行うのである。

〈外宮〉　十五日午後十時　由貴夕大御饌《ゆきのゆうべのおおみけ》
　　　　　翌午前二時　由貴朝《あした》大御饌
〈内宮〉　十六日午後十時　由貴夕大御饌
　　　　　翌午前二時　由貴朝大御饌

報道陣に取材が許されるのは、両宮とも午後十時の「由貴夕大御饌」である。由貴というのは最上という意味で、大御饌は大いなる神の食事である。午後十時が「夕《ゆうべ》」で、日付の変わる午前二時は「朝《あした》」と区分けする。

私たちはお祭りの始まる一時間ほど前に神宮の広報係に先導され、真っ暗な神域へ入る。旧暦であれば、九月十五、十六日は夜空に満月が輝くはずなのだが、新暦の十月十五、十六日は月のかたちはさまざまである。夜の神域へ足を踏み入れるとき、幾度となく参拝している参道が神秘的に感じられるのは、闇の深さが異なるせいだろうか。星空の美しさに感動したり、鳥のけたたましい鳴き声にぎょっとしたり、とくに神嘗祭のときは緊張感が高まる。

内宮ならば、私たちはたいてい忌火屋殿《いみびやでん》前の参道で待つ。忌火屋殿の前庭にはすでに辛櫃《からひつ》が並べられている。大が三つ、小が五つ。お祭りで供える神饌がこの中に納められている。

照明が落とされた神域は、かがり火が頼りだ。ゆらぐ炎に、奉仕員の姿が照らされる。なぜ大切なお祭りである神嘗祭が夜、行われるのか。その答えは明確ではないが、お祭りの場に身を置いてみると、神を迎えるのは夜のとばりが降りた静まった空間がふさわしいと感じる。古代の人々のそうした感性を、今の私たちも受け継いでいるのだろうか。

ドンドンドン、お祭りの始まりを告げる太鼓の音が響く。

しばらくすると、神職たちが参道の玉砂利を踏みしめる音が大きくなる。奉仕するのは、約三十人。黒田清子神宮祭主を先頭に、神宮大宮司、少宮司、禰宜と続く。

祭列は忌火屋殿で修祓《しゅばつ》を受ける。まずは神饌を納めた辛櫃のふたを一つひとつ開けて、榊、そして御塩で清めていく。

神への最高の食事とは

神嘗祭では、山海の幸が三十品目におよぶ。明治時代の『神饌奉奠圖式《ほうてんずしき》』によれば、御飯、御水、御塩は、日別朝夕大御饌祭と同じだが、

穀類　御飯、御餅
酒類　白酒《しろき》（どぶろく）黒酒《くろき》（白酒に灰で黒くした）、醴酒《れいしゅ》（一夜酒で粒々がある）、清酒の四種類
魚介類　鰒《あわび》、蝦《えび》、鯛、乾睦《むつ》、乾栄螺《さざえ》、海参《いりこ》、乾鯛、乾梭魚《かます》、乾伎須《きす》
海藻類　荒海布《あらめ》、海松《みる》
川魚類　塩香魚《あゆ》
鳥類　水鳥、野鳥
野菜類　大根、蓮根、
果物類　柿

ずらりと並ぶ食は、豪華そのものである。

稲の収穫に感謝する祭典であるから、神饌も米を中心としたもの、新米を加工したご飯や餅、四

種類の酒が出されるのは理解できる。そこに魚類、海藻類、鳥類、野菜果物など、まさに山海の幸も一緒に捧げられるのはなぜだろうか。

岩井宏實ほか『神饌』（法政大学出版局、二〇〇七年）では、平安時代の『延喜式』に掲載される神饌もじつに多彩で、稲作儀礼の祭りであるのに、稲作だけでなく、採集・狩猟・漁撈《ぎょろう》・畑作に産する食が多く含まれていると指摘し、「稲作以前の農耕文化、あるいは稲を軸とする価値体系をもつ文化と等価値の稲以外の雑穀や根菜を中心とする価値体系をもつ文化の存在と、相互のかかわりが認められるのである。すなわち、従来稲作文化だけを日本文化の第一要素と考えていたことにたいして、近年多くの異論が呈されているが、神饌からも従来の思考にたいして新しい見解を提示することができそうである」と記している。

神饌からも日本文化論にかかわる問題にアプローチできるという示唆だ。神嘗祭の神饌で特徴的なのは、やはり魚介類の豊富さである。伊勢志摩地方の海辺には、魚介類や海藻類を採る海人族《あまぞく》（海部《あまべ》族）が古くから住みつき、鰒、蝦、鯛などの魚介類を伊勢神宮に御贄として献じてきたからである。それが今にも受け継がれ、海の恵みたっぷりの神饌となっている。

そうした魚介類の神饌を代表するのが鰒である。鰒は生だけでなく、身を細く剥いて、のした熨斗鰒《のしあわび》が二種類（身取《みとり》鰒・玉貫《たまぬき》鰒）供えられる。伊勢神宮の神饌も明治時代以前のものは不明であるが、生鰒については、現在の神嘗祭でも特別な儀礼がなされる。

修祓を終えた辛櫃は正宮へ向かう途中、正宮石段下の御贄調舎《みにえちょうしゃ》という建物に立ち寄る。そこで、生鰒が出され、神職が小刀で切る所作を行い、御塩をかけるのである。外宮のご祭神、豊受大神はこの御贄調舎の一角に招へいされる。明治以前は、この御贄調舎はなく、現在の島路《しまじ》川の中州に黒木の橋を架けて、そこに渡り、川水で洗い清めていたようだ。そのため、御贄をいすすぐことから、当時はこちらが五十鈴《いすず》川と呼ばれていたという説もある。

『明治以前皇太神宮《こうたいじんぐう》祭典祭具圖《さいぐず》』という文献には、その際、檜籠《ひのきかご》にトクラベを敷き、そこに熨斗《のし》鰒《あわび》の身取《みとり》鰒を挟んだ。栄螺《さざえ》はトクラベを敷いていないが、同じく檜籠に挟んでいる。そして、栄螺は切って檜の串に刺した。串の長さは二寸（約六センチ）で、一串に四切れ刺し、四組作ったとある。

　現在は所作《しょさ》だけであるが、明治以前は実際に川水で鰒をすすぎ、切って、塩をかけていたのだろう。

　そして、辛櫃を先頭にした祭列は、石段を上り、正宮《しょうぐう》へ入っていく。最も内側の瑞垣《みずがき》

奉幣の儀では神饌を供えず、天皇陛下からの幣帛（布類）が奉られる

内宮石段下の御贄調舎（みにえちょうしゃ）

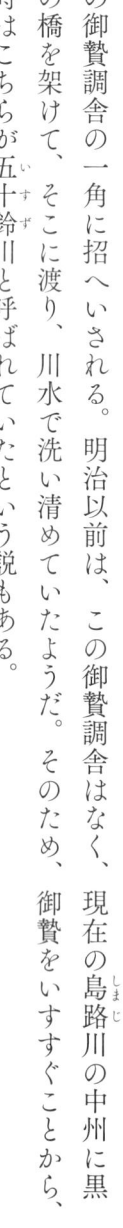

にその姿が消えると、もう私たちは見ることはできない。あとは神職たちが、ご祭神をまつる正殿《しょうでん》の前に、とりどりの神饌を並べ、奉るのである。

その際、雅楽が演奏される。御垣の外にいる我々にも雅楽の音色はもれ聞こえる。曲目によって、お神酒が一献、二献、三献とつがれるのがわかるそうだ。神は、雅かな音色とともに食事を召し上がるのである。

これが午後十時と、午前二時の二回行われる。

そして、翌日の正午、皇室から派遣された勅使《ちょくし》により、天皇陛下からの幣帛《へいはく》（布）が供えられる奉幣《ほうへい》の儀が執り行われる。この際には神饌は供えられず、明るい昼間である。

その日の夕六時からは、御神楽《みかぐら》が正宮で行われる。まさしく一年で最も重要な祭典とされるにふさわしく、神嘗祭は最高の食を、布を、楽《がく》を奉り、神々に祈りを重ねるのである。

［column］明治以前の神饌

明治四年（一八七一）の神宮改革を境にして、姿を消した神饌や儀式がある。例えば、「節句神事」とそれに合わせた神饌である。伊勢神宮では、平安時代初めから行われていたようだが、小正月一月十五日の小豆粥や、五月五日端午の節句の粽など、現代の私たちにとってもなじみのある季節の食である。『宇治山田市史』や『明治以前皇太神宮祭典祭具圖《ず》』などからひもといてみよう。

神宮と年中行事

昭和六年に宇治山田市役所が編集した『宇治山田市史』下巻には、第一節に「宮中行事」として、明治四年までに内宮外宮の両宮で行われていた年中行事の概要を記している（以下市史）。宮中行事というと、皇居内の行事を思うが、伊勢では伊勢神宮内で行われていることを指す。昭和三十年に伊勢市に改称するまでは、伊勢は内宮前の宇治地区と外宮前の山田地区を合わせた宇治山田市であった。

また、神宮司庁祭儀部所蔵の『明治以前皇太神宮祭典祭具圖』は、神宮叢書の『神宮神事図録』に収録され、美しい手書きの絵図から、現在にはない季節の神饌や祭具など全三十五品目が明らかになっている。作者、成立とも不詳だが、解説ではおそらく明治時代の権禰宜・横地長重が江戸時代の年中行事を表した絵図ではないかと推測している（以下祭具圖）。

◉元日御饌　正月元日の大御饌で、現在の歳旦祭にあたる。市史、祭具圖ともに鮎を供えたことを記す。市史では内宮は「元日御饌」、外宮では「鮎饗神事」と称したとある。現在の歳旦祭でも塩香魚（鮎）は供えられている。祭具圖では、飾り塩をした鮎と、盆瓦（素焼きのカワラケ）に長餅が十枚積み置かれている。餅はかなり長いのか、三ヶ所を細い白紐で結んでいる。それが二組、並べ置かれ、その下に薄い敷き餅がある。
そして、「神明白散《しんめいびゃくさん》」と書いた包みも描かれる。白散は、正月に酒に入れて飲む屠蘇《とそ》の一種で、山椒《さんしょ》、防《は》風《ふ》、肉桂《にっけい》などを刻んだもの。一年の病気を治し、延命の効果があるとされた。『角川俳句大歳時記』には、新年の季語「御薬を供ず」（正月元日より三日まで天皇に薬などを献ずる儀式）に、二日に献ずるのが「神明百散」で、白朮《びゃくじゅつ》・桔梗・大黄《だいおう》・小豆を合わせたものとある。解説では、五丈殿の饗膳《きょうぜん》（神職たちが食す御馳走のお膳）かとあるが、酒に混ぜ、暖を取ったのではないかという。

◉新菜御饌　正月七日の七草行事。神宮では卯の刻（午前六時ごろ）に若菜の御強汁、神酒、御贄を神前に奉った。内宮は正殿、外宮は御饌殿（市史より）

◉正月十五日粥御饌　『皇太神宮儀式帳』（以下儀式帳）に記載があり、平安時代以前から行われていた。禰宜などは参列せず、子良館の関係者により奉仕され、神事が終わると、子良館で母良より餅入りの小豆粥がふるまわれた（祭具圖より）。この資料によると、御粥を神前に供えていたことがわかる。自分たちがおいしいと思う食事を神にも召し上がってもらおうという気持ちなのであろう。
子良館とは、伊勢神宮で祭祀を務める「御子良子《おこらご》」と呼ばれる子どもたちが親元を離れ暮らした建物で、「こらかん」ともいう。内宮は神楽殿の向かいあたり、外宮は北御門の鳥居を過ぎた右側あたりにあり、明治五年に撤去され、現在はない。母良は世話役の女性のこと。子どものいる子良館で年中行事が楽しく行われたことがうかがえる。

俳人の松尾芭蕉が、伊勢参拝した際、外宮の子良館の裏に咲く梅を詠んでいる。

御子良子の一もとゆかし梅の花　芭蕉

◉桃花御饌　三月三日の桃の節句には、新しい草（母子草か蓬）で草餅を作り、供えたことがすでに平安時代の儀式帳に記される。そのため「草餅の御饌」と称したが、のちに桃花を酒に添えて奉ったことから「桃花の御饌」と言われるようになる。祭具圖には、「饗膳《きょうぜん》ノ銚子盃」とあり、白木の柄杓の柄に細い桃の一枝が結ばれ、春先の節句らしい華やかさが漂う。添えられたカワラケに入る白い粉は、正月の百散か、あるいは米粉か。季節の花を添えて、美しく神饌を飾っていた。

◉菖蒲御饌　五月五日の端午の節句には、桃花の御饌と同じく、菖蒲が柄杓の柄に結ばれた。祭具圖からは、菖蒲の葉の瑞々しさが伝わってくる。儀式帳には菖蒲と蓬を供えたと記される。また、この日は粽が御饌に加えられるのが特徴。粽の食材であるうるち米ともち米は御料田より調進され、これを包む草揃えは子良館で物忌《ものいみ》（神職）や母良《もら》が揃え、細紐で結わえたと祭具圖にはある。外宮では草揃えは、真菰《まこも》篠を使った。市史ではほかに、山芋や蒜《のびる》などが御饌にあったと書かれている。現在、菓子店で市販される粽より長く、どちらかというと京都祇園祭で授与される粽に似ている。中の餅は白く、粒々が残っているように祭具圖には描かれる。正月十五日の小豆粥と同じく、ここでも子良館が節句にちなむ食を作っている。

◉五月御田植饗膳　神宮神田に早苗を手植えする神田御田植初は、明治四年の神宮制度改正で一時途絶えたが、大正十三年（一九二四）から一部が再興されたと市史にある。

祭具圖には「柏包」が描かれる。祭の前日に、炊いた飯を二合半ずつ柏の葉に包んだ小飯合飯（こなから、または、こなかせ）が一禰宜から神宮に関係ある人々に配布された。その際には、山田奉行を通じて、松坂、田丸、鳥羽藩主にも御田扇《みたうちわ》（小扇）とともに届けられたと解説にある。市史には、この小扇は御田くばり扇といって、一尺あまり（約三十三センチ）、田畔に挿せば虫除けになると争ってもらう風習もあったという。また、田植が済んだ後、長官が一同に饗膳を出した（餅米を蒸した飯を椀へ山盛りしたもの、鮫のたれ、塩押しの小鮎の酢の物、酒）。

◉菊花御饌　九月九日の重陽の節句。市史では古来、野菊を供えたが、内宮は中世から庭菊となり、宇治の菊屋が献上し、のちには市内黒瀬町の菊の御園から奉納することになったという。菊の供え方は、桃花と同じ。

第六章

神宮の御料地

神饌などお祭りに供える物を御料《ごりょう》と呼ぶ。そうした御料を調達する場所や施設を御料地《ごりょうち》という。御料の生産や調製《ちょうせい》は古儀を重んじ、清浄にきして行う。食であれば、米を栽培する神宮神田、伊雑宮《いざわのみや》御料田、野菜や果物を育てる神宮御園、濃い潮水を採る御塩浜とそれを煮詰める御塩焼所、熨斗鰒《のしあわび》などをつくる御料鰒調製所、干した鯛をつくる御料干鯛《ひだい》調製所。そのほかに、神饌を盛る器は土器調製所、絹と麻の布を織る神服織機殿《かんはとりはたどの》神社、神麻続《かんおみ》機殿神社の各八尋殿《やひろでん》がある。御料地は立ち入ることができないが、そこではどのように調製されているのだろうか。

神宮御園

伊勢市二見町溝口

神前に供える野菜や根菜《こんさい》、果物を栽培する神宮直営の畑地を、神宮御園《じんぐうみその》という。「みその」の名は、中世に神宮が全国に所有していた御厨《みくりや》や御園と呼ばれた荘園に由来する。そうした神宮の荘園（神領地）で収穫した野菜・根菜・果物が伊勢へ運ばれ、神前に供えられてきたが、明治四年の神宮改革により、神領地は政府が管理することになる。そこで、明治二十一年（一八八八）、二見の地に神宮御園はできた。神話伝承をもつ御料地の中では、新しい。

春分の日の「御園祭」

一年のうちで昼と夜の時間が等しくなる春分の日（三月二十一日頃）の朝八時、内宮では春季皇霊《こうれい》祭遥拝《さいようはい》が行われる。現在は、自然をたたえ生物をいつくしむ祝日と定められているが、この春分の日、伊勢神宮ではもう一つ、御園祭というお祭りも行われる。

場所は伊勢市二見町の神宮御園。伊勢神宮のお祭りに供える野菜や果物を育てる専用の畑だ。ここでの作物の豊かな実りと、農作業に携わる人々の作業の安全を祈念するお祭りだ。

神宮御園は、伊勢市内から県道一〇二号で二見浦方面へ向かい、五十鈴川に架かる汐合橋《しおあいばし》を渡った、溝口《みぞぐち》地区にある。道の傍らには「神宮御園」と刻まれた大きな石柱が立つ。その裏側には、明治二十一年三月開設と記されていた。明治四年（一八七一）、政府によって神宮改革が行われ、全国に点在した神宮の御厨や御園はすべて政府のもとに管理されることになる。そのため神前に供える農作物の調達ができなくなり、やむなく業者からの購入に頼る状況となった。この事態を遺憾とした当時の鹿島則文《かじまのりふみ》大宮司は、この地に九九二〇平方メートルの土地を購入し、開墾を行って、神宮直営の畑地としたのである。その際に立てられた石柱なのだろう。当時の神宮関係者の気概が伝わってくるようである。

神宮御園の畑地が祭場となる御園祭

午前九時過ぎ、日章旗が掲げられた神宮御園の門を入ると、春の柔らかな日差しが畑地に注がれていた。数日来の強風も止み、のどかな日和に恵まれた。毎朝温度を測るという百葉箱、水撒きのためのスプリンクラーの管、かんきつ類の木やビニールハウスもある。いつ来ても、畑地は整えられ、通路もきれいに清掃されている。

御園の畑地の一角には、斎竹《いみたけ》が立てられ、臨時の祭場ができている。すぐそばには、春菊が青々と育っている。隣の畝は、キャベツ、小松菜、ビニールで覆われたところは春収穫の大根という。開設時から、作物の品種の増加などに伴い、大正三年

（一九一四）、昭和十年（一九三五）に拡張した御園は、広さ一万九千七百五十一平方メートル。そこで栽培されるのは、野菜三十種、果物二十種、合わせて五十種にのぼる。神宮の祭典は毎日外宮で行われる日別朝夕大御饌祭《ひごとあさゆうおおみけさい》をはじめ、年間千五百回を数える。その御料を調達する御園では一年中、なにがしらの作物を育てているのだ。広々とした畑地だが、五十種におよぶ品目を育てているとは驚きである。連作障害や病虫害もあることだろう、そんな中でも常に農作物を供給しなければならない作業の困難さがうかがえる。

御園祭に参列するのは神宮大宮司、少宮司、禰宜、それに三重県農業研究所、三重県伊勢農林水産事務所、伊勢市、三重県神社庁度会支部の関係者、女性の姿は四名の農業作業員だ。各自がテントの席に着くと、太鼓が鳴らされ、今度は祭りを執り行う神職が祭場に入る。神域であれば玉砂利だが、ここでは畑の土を踏み進む。禰宜、権禰宜、宮掌、その次は辛子色の衣服を着けた作長《さくちょう》、白衣の作業員がいささか緊張気味に続く。社殿も祠もなく、眼前にはただ畑地が広がる。

祭典は、神饌の入った辛櫃《からひつ》、祭具をはじめ、神職、参列者すべてを祓い清める修祓《しゅばつ》から始まる。祝詞を奏上し終わった権禰宜はまず祭場の中央に進み、榊を大きく左右に振る。畑の土を祓い清めるためだ。そのあと、御塩の祓いが続く。

そして、辛櫃から神饌《しんせん》が出され、黒木の案《あん》（台）に並べられる。数メートル離れた私からも、つやつやとした赤い林檎、ピンと尾の跳ねた鯛、蒸した海老、重ねられた平たい餅が見える。神饌を供える案の前方には、御園祭に限定された祈祷《きとう》大麻が置かれている。祭典終了後に参列者に授与されるものだ。

神饌が供えられると、禰宜による祝詞奏上《のりとそうじょう》。社殿があるわけではなく、畑地が広がる中での祭典のため、いつもと様子は異なるが、土地を守る神に、御料作物の豊かな実りとうるわしい出来栄え、農作業に携わる人々の作業の安全を祈念する祝詞という。神職、参列者、報道陣も頭を下げ、静かな祈りの時が過ぎた。

その後、神職から作長に忌鍬《いみくわ》（清らかな鍬という意味・ゆくわとも）が手渡された。作長を先頭に、二人の作業員が立って続く。「シーズンが始まったと思います」と山口剛作長にとっても、この御園祭は大きな節目という。作長が左、右、中央と力強く鍬を畑地に振り下ろし、耕す所作を行った。これで神事は終了だ。

その頃には、神宮御園の門のあたりで見守る地元の人々がいた。

参列者は、事務所に入り、直会を行う。

「無事に済みました。作業員ともども神事に奉仕できるのは光栄なことです」

作長は晴れやかな顔で、終了後話してくれた。この御園祭が済むと、畑では春蒔きの種を蒔き始め、いよいよ耕作が本格化する。

御園で栽培される五十種類

神宮御園で栽培される五十種類の野菜や果物はどのようなものだろうか。

神前に供えられるため、例えば葱《ねぎ》や韮《にら》など匂いのきついものは省かれ、原則として、漢字表記が

神宮御園で収穫された御園御料

できるものとされる。野菜などは主に三種類の土の器（六寸・四寸・三寸）のうち、四寸（直径約十二センチ）の平皿の器に載せて供えるため、そのサイズに合わせて小ぶりに育てるのも特徴だ。市井の野菜のように大きく育ちすぎてはいけない。

　神宮の一年を通しての祭典のうち、恒例祭は十月の神嘗祭《かんなめさい》をはじめ、六月・十二月の月次祭《つきなみさい》、二月の祈年祭《きねんさい》、十一月の新嘗祭《にいなめさい》など決まった日程で行われる。

　神宮が所蔵する『明治以前皇太神宮祭典祭具圖《ず》』には、「九月　神戸《かんべ》御厨《みくりや》ヨリ御饌品調進ノ圖」がある。米俵を積んだ白馬や、肩に辛櫃を担いだ白衣の男性、いずれの荷も、榊や紙垂《しで》が付けられ、一般の荷物ではなく神宮へ納める特別な品であることがわかるようになっている。解説によれば、神嘗祭（当時は九月、現在十月）の御贄は三十七荷《か》（儀式帳）、六月月次祭は二十荷。神領地である多気《たき》郡や飯高《いいたか》郡に限らず、全国の神戸から魚貝や野菜が調進された。しかし、古代、中世を通じて調達のあった神宮所属の御厨や御園は領主に私有地化され、室町時代以降は減少していき、儀式帳に記された三十七荷には及ばないものになっていたと推察している。その一方で近世になると、土地の領主が、神宮の御師《おんし》などを通じて、直に献上品を持参するようになったという。お伊勢参りの隆盛が、御料の調達にも影響していたのである。

　毎日外宮で行われる日別朝夕大御饌祭は、この御園から毎日、季節の野菜や果物が運ばれる。

また、皇室や国に大事があったときに行われる臨時祭や、二十年に一度の式年遷宮などの特別な祭がある。こうした祭でも神饌が用意され、供えられる。

神宮御園を管理する山口剛作長に、神宮の神饌となる食材を育てるとはどのようなことか、うかがった。


――さまざまな祭典に供えるための多品種を育てるにあたっての栽培計画や苦労というのはどういったものか。

山口作長（以下作長）　御園祭が終了すると、三月露地《ろじ》（温室ではなく、屋根がない地面で栽培する）には六月の月次祭のための牛蒡《ごぼう》をはじめ、南瓜《かぼちゃ》、茄子《なす》、江戸トマト、ハウスではメロンやトマトの苗を植え始めます。トマトはもともと食べずに鑑賞用だったものです。四月は夏収穫の大根の種を蒔き、六月の御酒殿祭《みさかどのさい》、月次祭に備えます。一月元始祭《げんしさい》のための薯蕷《じょうよ》（長芋）、一月歳旦祭《さいたんさい》の慈姑《くわい》のほか、胡羅蔔《こらどう》（人参）、薑《はじかみ》（生姜）、里芋の定植、五月には胡瓜《きゅうり》の種蒔きと続きます。

また、ここでは栽培が難しい林檎と山葵《わさび》は外部から奉献してもらっています。

作物を作る以上、気候も毎年違いますし、虫害や病害にかかることもありますから、失敗はついてまわります。連作障害がでないように畑地をローテーションしたり、またハウスも露地も使ったり、現在の技術を取り入れながらリスクを減らしていくようにしています。

――季節のものを供えることについて。

作長　主食が御飯、米であるため、副菜には彩りや季節感のある方が、楽しみがあると思います。

祭典では辛櫃のふたを開け、お祓いを行う

辛櫃に頭を垂れる神職

多くの作物の中でとくに恒例祭で使う野菜を意識しますね。例えば、二月の祈年祭の独活《うど》、五月神御衣《かみそ》奉織《ほうしょく》始祭《はじめさい》の蕗《ふき》、神嘗祭の蓮根《れんこん》など、祭典によっては野菜や果物が決まっているのです。それを所定の数、揃えなくてはいけないのです。二月の独活《うど》は難しいですね。一月十日を目途に始めますが、畑地にビニールで覆うトンネルを作り、そこに株を植えて、温かくして育てます。神宮の百二十五社すべてに供えますから、約四百本に上ります。あと、三月の干柿《ほしがき》や九月の干栗《ほしくり》といった果物類も気をつけます。

——その一方で、通年栽培する野菜や果物は何か。

作長　三節祭《さんせつさい》（十月神嘗祭・六月十二月月次祭）、祈年祭に欠かせないのが大根です。春夏秋冬収穫できるように、年中栽培していますね。

また果物はかんきつ類を多品種育てています。紀州蜜柑《みかん》、温州《うんしゅう》蜜柑、八朔《はっさく》、伊予《いよ》柑、三宝《さんぼう》、香橙《こうとう》、金柑《きんかん》などです。

——神饌の食材に携わる者として心がけていることは何か。

作長　神宮は日本人の心のふるさとです。そのリアリティを表す、ふさわしい野菜や果物を作ることを心がけています。何のために作っているのか、目的をはき違えるといけないのです。天皇陛下からお預かりしている神宮をおまつりするためのものを作っている。私は、野菜や果物を作ることは神明奉仕と思っているのです。

大学卒業後、神田・御園を管理する作長となって二十一年目を迎える山口作長は、「神明奉仕」という言葉に一段と力を込めた。神に仕えるという意味の神明奉仕。それを貫く姿勢が、開園した明治二十一年以来、この神宮御園には根付いていた。

（平成二十九年三月二十一日取材）

神宮神田

伊勢市楠部町

みずみずしい稲穂が実る、瑞穂《みずほ》の国。祝詞などで読み上げられる日本の美称だ。私たち日本人が主食とする米は、神前にも日々供えられる。伊勢神宮には、神饌の米を栽培する専用の水田、神宮神田がある。内宮を流れる五十鈴《いすず》川の水を引く、およそ三ヘクタールの広さの水田は、うるち米、もち米、酒米など十数種類を育てる。伊勢神宮の神前に供える米はどのように育てられるのか。

黄金色に輝く稲田

爽やかな風が時折、黄金色に輝く稲穂を揺らす。水をすっかり抜いた水田は、実をつけた穂が、地面に触れそうなほどに垂れている。今年も無事に収穫の時を迎えた。

伊勢神宮内宮から五十鈴川を二キロほど下った伊勢市楠部町《くすべちょう》。五十鈴川の川辺に広がる平野では古くから稲作が盛んだ。伊勢神宮の祭典に供える大切な米を栽培する神宮神田はそこにある。なだらかな忌鍬山《ゆくわやま》のふもとに東西に長細い神宮神田は三ヘクタールの広さ。周囲は土手で囲まれている。その真ん中あたりに黒木の鳥居が立つ。表面に木の皮をつけた黒木の鳥居をくぐると目の前にあるのが祭場田《さいじょうでん》である。ここが種下ろしにあたる四月初めの神田下種祭《げしゅさい》、五月の御田植初《おたうえはじめ》、九月初めの稲刈りにあたる抜穂祭《ぬいぼさい》のお祭りとともに農作業がすすむ水田である。また中央に位置するので、中央田ともいう。

その祭場田を中心にして、左右に十二枚の水田が広がる。同じ大きさの水田六枚が二列に整然と並ぶ。そこには用水路が整備され、五十鈴川の水が注がれている。掃除も行き届き、いつも整然としている。

伊勢の一般的な水田であれば、祭場田と計二十四枚にはうるち米のコシヒカリが育てられるかもしれないが、ここでは、うるち米、もち米、酒米など十数類が育てられているのが御料田《ごりょうでん》としての大きな特徴である。祭典に供える御飯だけでなく、餅や酒に加工する米、さらには注連縄《しめなわ》用、風《かざ》日祈祭《ひのみさい》の御笠《みかさ》に用いるマコモも栽培しているのである。神宮の御料は自給自足を原則としているが、稲というのはさまざまな用途があるため、神田はとくに重要であることがうかがえた。

神宮神田の歴史

神宮神田は、今から二千年前、天照大神をまつる地を求めて巡幸《じゅんこう》していた倭姫命《やまとひめのみこと》が、五十鈴川を舟でさかのぼった際に定めたと伝えられている。ここで祭典に供える水田を定めてから、五十鈴川の川上にたどりつき、天照大神をまつったのが内宮である。内宮鎮座《ちんざ》にゆかりをもつ水田なのである。

古来、伊勢神宮には各地に神田があったが、これらは伊勢神宮の経済を支えたもので、祭典に供える米を専用にした御料田である神宮神田とは異なる。米は江戸時代、藩を石高で表したように、玄米の生産高が土地の評価となり、農民は年貢を納めたが、神領地も同じように神宮へ税として米を納めたのである。

特別な神宮神田であっても、明治四年（一八七一）の神宮改革では神領地と同じく政府へ収めることとなった。そのため一時は業者より購入した米を用いていたが、神宮御園と同じく、これを遺憾として明治二十二年（一八八九）に再び買い戻し、御料田として復興した経緯をもつ。

また、明治以前は外宮にも伊勢市八日市場《ようかいちば》町、岡本町、豊川町に御料田があったが、こちらは山田工作場に転用されたり、廃止されたりしている。

こうした歴史をふまえて収穫を迎えた稲田を眺めていると、二千年という歳月を思わずにはいら

神宮神田には、計 25 枚の水田がある

抜穂祭を迎えた神宮神田

れない。米は連作障害がでにくいため、毎年同じ田で実りが得られる。ここでは二千回あまりの実りを重ねてきたことになる。

神宮神田で発見された新種もある。

平成元年（一九八九）の秋、二度の台風に見舞われた神宮神田は、収穫を前にして、ほとんどの稲が倒されていた。その中で倒されずにすっくと立っている二株があった。それがイセヒカリと命名された新種である。今年も神宮神田で栽培されている。

神宮神田では、例えばうるち米でもこのイセヒカリだけなく、チヨニシキやキヌヒカリなど複数の品種を育てる。これは祭典に供える米を作る御料田だからこその栽培計画である。年によっては、台風や虫害の被害にあうこともある。それを複数の品種を育てることにより、全滅というリスクを避けるのである。新米が収穫されなければ、神宮のお祭りが滞ってしまう。重い役目を担った御料田では危機管理がなされているのだ。

平成元年のイセヒカリの発見は、これまでの日本の稲作の歴史を垣間見るようでもある。イセヒカリはコシヒカリの突然変異種とされるが、コシヒカリより収穫が遅く、また糖度はコシヒカリを上回ることがわかった。一般にはほとんど流通していない希少な品種だが、以前に栽培農家からいただいたところ、硬質米のため一晩水につけておいて炊いたご飯は美味であった。

また、瑞垣《みずがき》という保存品種もある。これは内宮の神域で育ち、実をつけたという稲穂で、正宮を巡らせる御垣のうち、最も内側にある瑞垣にちなんで名付けられたのだ。神域の最も聖なる地で芽を出しただけでなく、稲穂になるまで育つとは、今の世に起きた奇跡というほかない。

こうしたエピソードから、日本人が米の由来を神話に端を発しているのももっともだと思った。稲作の長いながい歴史には、ときには人知を超えた出来事が起こったに違いない。

神宮神田の一年

平成二十九年の抜穂祭は、九月二日に行われた。抜穂祭は、毎年、稲の生育具合によって九月初旬に日程が定められる。梅雨が短く、その後に高温が続き、稲が花をつける七月末から八月には晴天が少ないという異常気象であったが、稲の生育は良であるという。取材で訪れた祭場田は見事に稲穂が垂れていた。

この田で種もみを苗代に蒔く、神田下種祭《げしゅさい》が行われたのは四月四日であった。いつもなら神宮神田に隣接する四郷《しごう》小学校の桜並木が満開であるのに、この年は桜の開花が遅れ、やきもきした春であった。

昨秋、神田の祭場田で収穫された種モミ

神田下種祭の直播

神田で育った早苗を手植えする御田植初

神田に整えられた苗代

祭場田に作られた四枚の苗代《なわしろ》に、種モミを蒔くのが神田下種祭である。この種モミは昨年この田で収穫されたモミのうち、塩水に浸けて、沈んだものを選り分ける塩水選《えんすいせん》がなされたものだ。作業員が裾をからげ、水を張った田におり立って、種モミをていねいに撒いていく。春風に飛び散るほどのこの軽いモミが、半年を経ると、黄金色に輝く立派な稲穂となるのである。

一粒のモミからは一本の稲が生長する。途中、根本から増える「分《ぶん》けつ」を繰り返し、夏には十五～二十本になる。それぞれの稲に穂が出て、花が咲き、受粉すると一本につき百粒の米が実るという。つまり、一粒のモミから千五百～二千粒の米が収穫できることになる。二千倍の収穫とは驚くべき稲の生産性の高さである。生産性に勝る米だからこそ、日本人の主食として長年ゆるぎないのもうなずける。

種モミの入った曲物（写真左）と忌鍬

神田下種祭の神饌

現在では、神宮神田のように直播《じかまき》はせず、ビニールハウスの苗代で育て、田植をするのが一般的である。神田の場合は、神田下種祭から約一カ月後、十センチほどの育った早苗を採る苗取りを行う。〝苗半作《なえはんさく》〟といって、ここまでが最も心配をするときであると山口作長はいう。モミは神田の苗代をゆりかごにして育つわけだが、苗代をビニールで囲ってはいるものの、四月初めの天候は定まらず、遅霜が降りる心配もある。モミからか細い芽を出し、ゆっくりと育っていく様は人間の赤ん坊にも重なる。

そうして苗取りした早苗は、いくつかに結わえられ、五月十三日、御田植初で地元の保存会の早乙女と植え方によって、手植えがなされた。風雨の厳しい日であったが、御田植は行われた。

秋の抜穂祭《ぬいぼさい》には、神宮の神職のほかに、二十人ほどの参列者がいる。その中に紋付袴姿の男性と、揃いの黒留袖の女性の姿がある。御田植初で手植えをした地元楠部町の保存会の人々は、収穫祭である抜穂祭に、美しい晴れ着を身に付け、参列するのである。なんとも晴れがましい姿である。

抜穂祭には地元の保存会も正装で参列

忌鎌で刈りとられる稲穂

抜穂祭の神饌

抜穂祭は、祭場田の前に案《あん》（台）が置かれ、そこに神饌が奉られ、祝詞が奏上される。その後、作長が神職から忌鎌《いみかま》（清浄な鎌・ゆくわとも）を渡されると、祭場田へ向かう。十人ほどの奉仕員が後に続く。そのうちの二人が田の中に入っていき、稲穂を三束、鎌で刈り取った。そして畔では、その稲穂から第一節までを抜き取り、「抜穂《ぬいぼ》」を作る作業を行う。しばらくすると、麻《あさ》緒《お》で結わえられた二束の抜穂の束ができあがる。それを折敷《おしき》にのせ、案《あん》（台）の上に安置する。これが初穂で、十月の神嘗祭に内宮、外宮に奉られる。初物を神に捧げるのである。

二十センチほどに調えられた二束の初穂は、美しい。神田で初めて刈り取られた稲穂をその実りがわかるように、ひと手間かけて抜穂にしていることに、神への感謝の念の深さがうかがえた。

（平成二十九年九月二日取材）

御塩殿

伊勢市二見町荘

日本の美しい海浜は、白砂青松《はくさせいしょう》と称えられた。白い砂浜と青々とした松、かつての海浜の風景である。伊勢湾に面した二見浦はまさにその白砂清松の浜である、その上、ノスタルジアを強く感じるのは、今なお海水から塩を作るという作業が続けられているからかもしれない。日本人は生きていく上で欠かせない塩を得るために、海水を煮て製塩をしてきた。その煙は、塩焼として古より詩歌に詠まれてきた。

二見潟
神さびたてる
みしほどの（御塩殿）
いく千世みちぬ
松蔭にして

鎌倉時代、『方丈記』を記した京都の鴨長明《かものちょうめい》が二見浦の御塩殿で詠んだ歌である。松の下に古びて神々しい御塩殿を見て、どれほどの代を経てきたのかと感激した様がうかがえる。

十月、常緑の森に覆われた御塩殿《みしおどの》神社も、どことなくしっとりとした秋の気配が漂う。伊勢市二見町荘にある御塩殿神社は、御塩殿の守護神をまつる、伊勢神宮の所管社《しょかんしゃ》である。鴨長明も訪れたように、古くから神宮の塩作りは二見浦の浜辺で行われてきた。

毎年十月五日、御塩焼固《みしおやきがため》の安全と日本の塩業の発展を祈念した御塩殿祭が、御塩殿神社で行われる。お祭りには地元をはじめ、全国各地の塩業関係など七十人もの人々が参列し、執り行われる。神饌が供えられた神社前で、禰宜が奏上する祝詞には、「松風清き御塩浜の潮水を汲み取り、瑞枝《みずえ》さす御塩山の木を伐り運びて、荒塩《あらしお》をやき儲《もう》け」という言葉がある。まさしくこの祝詞の通りに、御塩は作られるのである。

夏の土用、かん水採り

日本は岩塩が得られず、海水から塩を作り出してきた。海水に含まれる三パーセントほどの塩分を取り出すのである。海水から効率よく塩分を取り出す製塩法は、昔からさまざまに考案されてきた。岩手県の鹽竈《しおがま》神社で神事の際に行われる「鹽竈焼きによる製塩」、能登《のと》半島の揚浜式《あげはましき》塩田、そして伊勢神宮の入浜式《いりはましき》塩田があげられる。

伊勢神宮の入浜式塩田は、五十鈴川《いすずがわ》の河口部、伊勢市二見町西に位置し、御塩浜《みしおはま》と呼ばれる。目の前は伊勢湾口が広がり、五十鈴川の水と海水が混じり合う汽水域《きすいいき》にあたる。ここで、夏の最も暑い土用《どよう》、七月下旬に作業が行われる。

平成二十九年の夏は、梅雨入りが六月二十一日と例年の八日より非常に遅く、また明けるのも七月十五日と早く、降水量も少なかった。夏の土用に入った二十日の朝八時半、御塩浜に行くとすでに浜で作業が始まっていた。蝉がかまびすしいほど鳴いている。

浜では、木製の浜鍬《はまくわ》で砂をまく（広げる）作業を行っていた。奉仕員は簡単な白衣を身につけ、頭には菅笠をかぶり、足は裸足だ。入浜式塩田は、ここに潮水を引き入れて一晩、砂にたっぷりと含ませ、排水する。そして、夏の照り付ける陽光と乾いた風で砂を干していくと、塩の結晶が砂につく。その砂を集めて、潮水をかけると、濃い潮水（かん水）が採れる。もともと塩分濃度三パーセントの水が、天候が良ければ、二〇パーセント近くの高濃度のかん水になるという。海水を長時間かけて煮詰めていけば、塩の結晶は出てくるのだが、それでは効率が悪く、燃料の薪が枯渇してしまう。そのために、濃い潮水のかん水を採る作業をまず行うのだ。

作業を終えた奉仕員が、足や道具を溝で洗い、草履を履いて、黒木の鳥居をくぐって出てくる。顔はすでに日焼けしている。奉仕員の一人が、「昨日は、たくさんかん水が採れましてね」と、傍らに置かれた木樽を指さした。かん水は四斗樽《よんとたる》（約七十二リットル）に詰められ、保管される。

作業が済むと今度は、松の木陰でひたすら待つ。そして、砂の乾き具合がむらなくなるよう、浜鍬《くわ》という道具を使って、砂を掻き起す作業を行う。

もし天候が悪くなれば、すぐさま浜にシートをかぶせなくてはならない。大量の雨なら、せっか

塩作りは夏の日射しの下で行われる

御塩浜の浜かえし

御塩浜で採れたかん水を運ぶ作業

濃い潮水をかん水という

かん水を煮詰める作業

く潮水をふくませた砂が洗われてしまう。するとまた潮水を浜に入れなくてはならない。天候に左右される作業である。

松林の中に立つ塩焼きの建物

かん水作業を終えると、四斗樽は、五百メートルほど離れた御塩殿神社へ運ばれる。神社の後ろ側にまわると、松林の浜が広がり、そこに不思議な形をした建物が二棟立つ。地面に三角形の萱《かや》屋根をふせたような建物で、小さい方が御塩汲入所《くみいれしょ》、大きい方がかん水を煮詰める御塩焼所《やきしょ》である。

かん水はまず御塩汲入所の大きな甕《かめ》に貯水される。

そして八月初旬、隣の御塩焼所の鉄の平釜にかん水を注ぎ、一昼夜火を入れ、煮詰めるのである。平釜は口径約二メートル、深さは五十センチで約七斗（百二十六リットル）の容量をもつ大きなものである。建物には窓がなく、開口部は二カ所の扉だけ。拝見していると、煙がもうもうと立ち込める中で釜の様子を見ながら、薪をくべる。御塩浜の炎天下の作業も、この御塩焼所で煮詰める作業も厳しい。こうした作業を目の当たりにすると、塩を得るために努力をしてきた先人に頭が下がる思いがする。

御塩焼所で焚き上がった塩は、どろどろとした土色をしている。それを荒塩《あらしお》という。荒塩は俵に詰め、御塩殿裏の御塩倉に納める。倉の床は竹の簀《すのこ》が敷かれ、俵に詰められた荒塩からは苦汁《にがり》がしたたり、それが床下の甕《かめ》に溜まるようになっているという。

その荒塩は十月の御塩殿祭までそこに納められ、御塩焼固という次の作業に入る。

荒塩を焼き固める

御塩殿祭は、祝詞奏上の後、神饌が下げられる。そして、神社の隣に立つ御塩殿に、権禰宜が入り、きり出した忌火《いみび》をかまどにくべ、御塩焼固が始まるのである。

祝詞では、「今日から堅塩焼固仕えまつるため神職始め事に従う人々集い御祭を仕えまつるさまを平らけく安らけく聞しめして」とされる。

聞きなれない「御塩焼固《みしおやきかため》」は、御塩を三角錐《すい》の土器に詰めて、かまどの火で焼き固めるもので、神宮ならではの作業だ。神饌の調理と等しく、神職がきりだした忌火が使われる。

お祭りが終わると、白衣姿の奉仕員が、御塩殿の前に御座を敷き、座って作業を行う。荒塩を木杓子ですくって土器に入れては、小さな棒で叩き、まんべくなく詰めていく。この土器には約一・一リットル入るという。二十分ほどで十個ほどがていねいに手際よく詰められた。これを御塩殿内にあるかまどの台上に並べる。一基に十個、荒塩面が直接火に当たらないように並べる。かまどの火は日中焚き続けてから、かまどのふたをしめる。そして一晩そのままにすると、三角錐の形をし

御塩焼固

御塩焼所汲入れ所

御塩殿で焼き固める作業が行われる

御塩殿で忌火をきる

た固い塩の塊ができあがる。それを堅塩《かたしお》と呼ぶのだ。堅塩は五日間で、百個。春三月の作業と合わせて一年で二百個（百六十二キロ）作られる。堅塩にすることによって、数の管理がたやすく、運搬もしやすい。

奉製《ほうせい》された御塩は五日間の作業終了後、辛櫃に納められ、所役《しょやく》の二名によって、御塩殿から御塩道《みしおみち》を通って外宮へ運ばれる。御塩道は、古くから御料の御塩を二見から外宮へ運ぶ約八キロの独特のルートで、その道筋にあたる橋は葬式の列は通らないなどの取り決めが昔から地元であることを古老が教えてくれた。現在は時折、御塩道ウォーキングのイベントが開催されている。

新しく焼き固められた御塩は、十月十五日、十六日の神嘗祭の神饌として、また祓えに用いられる。

神嘗祭は、祭具が新しくなり、「神嘗正月《かんなめしょうがつ》」とも呼ばれるが、新米だけでなく、御塩も新しいものが供えられるのである。

（平成二十八年十月五日、二十九年九年三月五日、七月二十日取材）

[編著者]
千種清美（ちくさ・きよみ）
三重県生まれ、文筆家。皇學館大學非常勤講師。NHK 津放送局アシスタント、三重の地域誌『伊勢志摩』編集長を経て文筆業に。新幹線車内誌『月刊ひととき』に「伊勢、永遠の聖地」を8年間にわたり連載し、伊勢神宮や日本の歳時記についての講演や執筆活動を行う。近著に『伊勢開運手帳』(simple 編集部)、ほかに『女神の聖地、伊勢神宮』(小学館新書・全国学校図書館協議会選定図書)、『お伊勢さん鳥居前おかげ縁起』（講談社）など。

三重　祭りの食紀行

2018年2月27日　第1刷発行　（定価はカバーに表示してあります）

著　者　　千種　清美
発行者　　山口　章

発行所　名古屋市中区大須1丁目16番29号
電話 052-218-7808　FAX052-218-7709
http://www.fubaisha.com/
風媒社

乱丁・落丁本はお取り替えいたします。　＊印刷・製本／シナノパブリッシングプレス
ISBN978-4-8331-0575-0